# クリエイターのための
# NFT
## 参入マニュアル

武藤裕也／増田雅史（法律編）
桑原清幸（税務編）／ブドウちゃん（イラスト）

# はじめに

　NFTを活用するとクリエイターは、活躍できる選択肢が大きく広がります。
それはなぜでしょうか？

　NFTが革命と言える最大の特徴は「自分のデジタルデータが、オリジナル作品であると
証明できる」点が挙げられます。これをクリエイター視点で見ると、NFTを活用すること
のメリットは計り知れません。そのNFTの「唯一性」を活用すれば、コピーではない自分
のオリジナル作品であると証明でき、クリエイターの権利が保証されます。また、2次流通
のロイヤリティやファン度合いに応じた特典の付与など、作品とファンの繋がりにNFTを
活かせます。さらに、まだまだ小さな市場なので、NFTクリエイターの同志たちと「濃く」
繋がれます。他にも、海外マーケットへリーチしやすいなど、秘めた可能性は無限大です。
このようにNFTの活用によって、クリエイターの活躍できる選択肢は大幅に広がります。
　SNSが今までになかった社会現象を出現させたように、新しい技術は少しずつ社会を動か
していきます。そして、新しい技術が生まれる時には必ず、クリエイターの新しいポジショ
ンも同時に生まれます。これは歴史が証明しています。
　デジタル関連の革新は、およそ10年ごとに起こると言われています。2000年ごろにイ
ンターネットが社会一般に普及し、2010年ごろにSNSが拡大しました。その約10年後、
2020年あたりに起きた革新がNFTです。NFTとSNSはすでに繋がっていて、Twitterや
InstagramはNFTと連携できる機能が実装されています。まだ目立ってはいませんが、新
しい常識の波が少しずつやってきていて、その変化の兆しが波間から顔をのぞかせていま
す。今まさに、新しいポジションが生まれているタイミングなのではないでしょうか。参入
が早ければ早いほど自分のやりたいことをやれて、なりたい自分になれるチャンスかもしれ
ません。

「NFTってなんですか？」──このような質問が多く寄せられますが、NFTに限らず新しい技術は、説明を聞いただけでは分かりにくいものです。例えば2010年頃に国内でTwitterやFacebookが多く使われ始めたころ、SNSに触れたことのない人にSNSを上手に説明できたでしょうか？ その頃は「SNSとは、ソーシャルネットワークサービスである」という説明をよく目にしました。現在のNFTも同じような状況で、「NFTとはノンファンジブルトークンである」と説明されるものの、その無機質な説明によって返って理解されることから離れてしまっているかもしれません。逆に言えば、NFTはまだまだそんな黎明期にいます。

　すでにNFTに取り組んでいる先駆的なクリエイターも、霧の中で手探りをしています。「NFTで一体何ができるのか？」を試行錯誤しながら使っているような、開拓精神のある人ばかりです。そのような人たちとジャンルの垣根を越えて交流を図ったり、未来予想をしたりできること自体がすでにメリットです。どんなにデジタル技術が発展しても、人間としての豊かさを追い求めた先には必ず人との繋がりがある。そんなことにも気づかされます。いずれにしても、NFTの正解はまだ誰にも分からず、歴史も浅い。その分、前を向いて活動しているクリエイターたちはそれぞれ自分たちの信じる信念の元に、新しい社会現象の起こる夜明け前のような手ごたえを感じているようです。

　NFTは今までになかった構造を持つ新しい技術で、新しい価値や感覚、文化が生まれています。知識だけでそれらを捉えることは難しく、実際に使ってみてようやくNFTがもたらす所有感や可能性を体感できます。本書は、初めてNFTに参入するクリエイターのあなたに向けて、初期の導入方法から実際の現場で活用されている事例の紹介、NFTのリスクについて、気になる法務と税務、NFTの未来予想までを網羅的に紹介します。NFTの可能性を知ってもらい、この世界への扉を開けるきっかけになれば幸いです。

本書の情報は2022年11月をベースにしています。最新の情報はWebをチェックするようにして下さい。

# CONTENTS

# 第5章　NFTの法律と税務

# 第6章　NFTの現在地と未来

第 1 章

まずは押さえておきたい
NFTの基礎知識

# そもそも「NFT」って？？

NFTはクリエイターたちに革新的な恩恵をもたらします。なぜそんなに革新的なのでしょうか。
それは、NFTが誕生する以前のインターネットの世界で、多くのクリエイターは「お金にならない」経験をしてきたからなのでした。

## NFTについて学ぶ前に今までの歴史を知っておこう

NFTを詳しく知る前に、NFTが求められるようになったこれまでの時代背景を知ることで、NFTの革新性がすっきりとわかるでしょう。NFTは、インターネットの歴史に大きな変化をもたらすターニングポイントでした。

インターネットが私たちに浸透し始めたのは2000年頃。新聞やテレビ、雑誌など、情報の流れは一方通行でした。インターネットが登場して初めて「企業や団体と、個人ユーザー間」の情報が直接結ばれました。AmazonやメールなどのWEBサービスが代表例です。2010年前後でFacebookやTwitterなどのSNSが浸透し始め、個人間を双方向に繋ぐコミュニケーションは発達しました。

インターネットやデジタル技術は人類史に残るほどの変化をもたらしました。その一方で、インターネットやデジタル技術が浸透をするほどに、情報やデータが無料化していくことになります。デジタルデータはコピーや保存が容易で、当時はインターネット上のタダの情報にわざわざ課金するカルチャーがまだあまりなかったからです。そのため、デジタル化された音楽やイラスト、写真、動画など、デジタル制作に関わる作家は収益化・マネタイズという点で追いやられてきました。

かつては、イラストや写真が小説の表紙に採用をされれば、1点10万円〜の相場でした。ところがロイヤリティーフリー（使用が一度でも許諾されれば、その範囲内で何度も複数用途に使用できるライセンス）の販売形態が生まれることで、同じ作品にもかかわらず1点1,000円〜と100分の1程度で売買されています。

音楽業界も同じようなことが起こっています。かつて音楽アルバムCDは3,000円で購入するのが当たり前でした。ところが、Spotifyなどのストリーミングサービスを通じてアーティストやクリエイターが音楽を販売する場合、1万回再生されてようやく100円程度の収益となり、新人作家にとってはあまりに高いハードルです。

この時代背景を知れば、NFTのスゴさが分かります。NFTの定義やメリットはあとで詳しく述べるため、ここでは軽く触れます。デジタル作品をNFTにすると収益の拡大に繋がる理由のひとつとして「デジタル作品に唯一無二性を持たせられる」ことが挙げられます。NFTとデジタル作品が紐付けば、発行者が誰なのかを証明できます。たとえインターネット上で無数にコピー

---

ロイヤリティーとは権利の使用料のことです。例えばストックフォトなど商用利用の画像は、使用に応じて料金を支払う必要がありましたがロイヤリティーフリーは、一度購入すれば条件に応じて幅広く使えます。

クリエイターエコノミーとは、例えばYouTuberのようにクリエイター個人が自らの表現で収入を得ることにより作られる経済圏のことを言いNFTもその一翼を買う見込みで注目されています。

されて散らばった作品があったとしても、NFTを活用すれば現在の所有者が誰なのか、売買歴などを確認することができます。NFTの誕生が、デジタル作品の概念を根底から覆したのです。

クリエイターがNFTを活用することで得られるメリットは他にもあります。例えば、SNSと作品販売を直接繋げることがより容易になっていくことが予想されます。例えば、ポートフォリオ（作品集）として使うことのできるInstagramは、2022年8月にNFTを投稿できる「デジタルコレクティブ機能」が導入されました。

SNSでクリエイターの作品を見た人が、購入したくなって販売プラットフォームへ行ったら、新規登録の方法が面倒なので買うのをやめた。こんな理由で販売に繋がらないことがありました。ちょっとした手間がなくなるだけでも可能性は広がります。SNSで「いいね！」をするのと同じ感覚で、作品販売が繋がる「滑らかなSNS」。クリエイターと購入者、推し活などで応援したい人がひとつに繋がっていく世界は、そう遠くないのかもしれません。

## 「非・代替性」とは「替えが利かないもの・唯一無二なもの」のこと

NFTは「Non Fungible Token（ノン ファンジブル トークン）」の頭文字を取ったものです。「Non」は「非」、「Fungible」は「代替・交換が可能」の意味があります。「Token」は本来「しるし・象徴」を表わす言葉ですが、暗号資産の話をするときは「ブロックチェーン技術を利用して発行された暗号資産」をおもに表します。小売企業などが独自に発行している「ポイント」に近いイメージです。まとめると、Non Fungible Tokenで「非代替性トークン（暗号資産）」となります。

代替と非代替の例を1つ挙げましょう。新品でまったく同じ無地デザイン・サイズのTシャツAとBのどちらを受け取っても、交換しても困らない、見分けがつかない状態。これは代替可能なもの＝Fungibleと言えます。一方、元はまったく同じ無地デザイン・サイズのTシャツだけど著名人のサインが入ったTシャツAと、サインなしのTシャツBは価値も見た目も元のTシャツとは異なるため、代替できないもの＝Non Fungibleと言えます。

このように「替えが利かないもの・唯一無二なもの」であることを、デジタルデータでありながら証明できるのがNFTです。いったいなぜそんなことができるのでしょうか。それは、誰もが閲覧でき、改ざんが困難で、管理者不在で自律的に動く「ブロックチェーン技術」によってもたらされたのですが、これは次のページで詳しく紹介します。

NFTアートの場合は、証明書付きのデジタル作品と捉えることも可能です。デジタル作品がインターネット上に複数存在したとしても、証明書と紐づく事で唯一性（＝非代替性）が担保されると解釈されています。

NFTはデジタル作品やコンテンツそのものに限らず、証明書として機能することが期待されています。例えば、イベントチケットや会員権といった権利や学業証明書としてのNFTが実際に運用されています。

# 1-2 「ブロックチェーン」の仕組みを理解しよう

ブロックチェーン技術は、NFTを支える土台のようなものです。
ブロックチェーンの仕組みと技術を理解することで、NFTのこともスッキリと理解できるようになります。
NFTに、改ざんが困難で唯一性を持たせられる理由に迫ります。

## ブロックチェーンとはどんな技術なのか

NFTを支えるもっとも重要な土台として挙げられるのが、ブロックチェーン技術です。ブロックチェーンとは「取引履歴を一連に繋ぎ、その正確性を多数で確認し合うことで、維持しようとする技術」です。なぜNFTの改ざんが困難なのか、その理由と秘密がここにあります。もう少し具体的に説明します。

ブロックチェーンは、段ボールのような箱（ブロック）に、取引履歴（トランザクション）を収納していくものとイメージしてください。ブロックが一定量になったら、次のブロックに取引履歴の続きを収納します。それぞれのブロックを1本のチェーン（鎖）で繋げていくイメージです。

ブロックチェーンの取引履歴はつねに公開されています。中央で管理している特定の誰かではなく、みんなでデータを確認できる仕組みが採られています。この仕組みを分散型管理、あるいは分散型台帳と呼びます。分散管理と同時にデータはつねに同期されています。つまり、いつ誰が見ても同じデータが保たれています。

ブロックチェーンはまた、特定の管理者がいません。つまり、中央管理者が都合よくデータを書き換えることができないのです。データが分散管理されている点は、

これまでの中央管理型とは大きく異なる特徴です。一般的な企業や団体、官公庁が記録やデータを残す際は必ず中央管理者がいて、管理している特定のサーバーに保管します。これを中央管理型と言います。

ブロックチェーン上のデータの改ざんを行うには、それまで繋げられたブロック全ての履歴を書き換える必要があります。とても膨大な演算処理を必要とするため、データの破壊や改ざんが困難とされています。また、データは分散管理されているため、障害などによって停止する可能性が低いのが特徴です。これらのブロックチェーン技術に支えられたNFTは、その仕組みに担保された高い安全性やデータの透明性、非代替性を活用したサービスの展開が期待されています。

| 改ざんが困難 |
| --- |
| システムダウンが起きない |
| 取引の記録を消すことができない |
| 自律分散システム（チェーンによる） |
| 中央管理型 |
| 分散型台帳 |

トランザクション：取引記録や取引データのこと。NFTアートの場合、ブロックチェーンに作品を刻むことや、参加者間の売買など「NFTアートの転移」といった取引の記録をトランザクションと言います。

ブロックチェーンの活用は暗号資産やNFTのほかに取引の透明性や改ざんできない特徴があることから、証明書、医療や調剤、生産管理、フェアトレードなど幅広い活用が期待されています。

ブロックチェーンの種類は、大きく分けて3つあります。これまで「ブロックチェーンは分散型管理で中央管理者がいない」とお伝えしてきました。

しかし厳密には、ブロックチェーンに参加できるユーザー・コミュニティの大きさを区切ることで、管理者が参加者を制限するブロックチェーンが存在します。ここでは3つの種類の違いについて確認してみましょう。

### ①パブリックチェーン

参加者に制限がなく許可（パーミッション）を必要としない（パーミッションレス）タイプ。管理者は存在せず、また、参加者に制限がありません。不特定多数のユーザーが利用できます。取引データが全て公開されていて、透明性が高いのが特徴です。

### ②プライベートチェーン

特定ユーザーのみの参加が許され、管理者によるパーミッションを必要とします。限定されたユーザーのみが利用できます。

### ③コンソーシアムチェーン

パブリックチェーンとプライベートチェーンの中間的な立ち位置にあり、複数の企業や組織による管理者がいます。確認されたユーザーのみが利用できることと、パブリックチェーンよりは参加者が少ないため、決定事項をスムーズにできるメリットがあります。また、信頼できるユーザーのみ参加をする場合、安全性や信頼性が高まります。

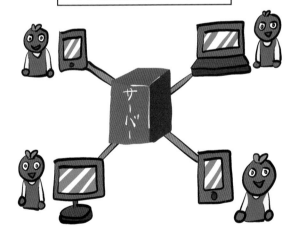

中央集権型システム

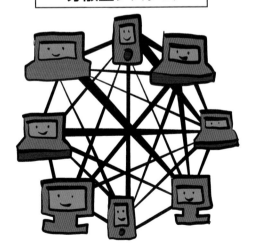

分散型システム

---

完成されたデジタル作品をNFTにすることでオリジナリティを証明するほかに、制作過程もブロックチェーンに刻むことで作品が真正であることを証明できるのではないか？という考え方もあります。

ブロックチェーンの活用は段階的になされています。最初は暗号資産に関わる技術して、次に契約や資産の管理の技術として、そして、物流や生産、農業、観光といった分野で活用が期待されています。

# 1-3 売買契約も自動化される ──「スマートコントラクト」について

スマートコントラクトと呼ばれる「売買契約の自動化」もまた、ブロックチェーン技術によって実装できます。中央管理者を介さずに完全にプログラムだけでスマートコントラクトが行われれば、時間を要さず透明性の高い「信用が不要」な売買契約や取引を実現できます。

## スマートコントラクトのメリットとは

NFTを知る上で「スマートコントラクト」も外せない基礎知識です。スマートコントラクトとは「コンピュータプログラムによる契約の自動化」のことで、イーサリアムなどのブロックチェーンに実装されています。ちなみに2022年12月現在、ビットコインにはスマートコントラクトが実装されていません。NFT取引が自動的に行われる裏側では、スマートコントラクトの仕組みが動いています。

スマートコントラクトはよく「管理者のいない自動販売機」に例えられます。自動販売機でドリンクを購入するには、①指定された金額の通貨を使い、②購入したい商品のボタン押します。この過程では、管理者などの人が介在しません。あらかじめ組み込まれたプログラムの元において、自動的に売買が行われる仕組みです。これも、改ざんが困難で中央管理者の存在しないブロックチェーン技術によって支えられています。

ブロックチェーン上で実行されるスマートコントラクトはおもに、次の4つのメリットが挙げられます。①契約を行う際に事前のルールが定められているので、第三者を介する必要がありません。②第三者がいないため、情報漏洩などのトラブルがありません。③取引履歴の記録はブロックチェーン上につねに公開されていて、取引

の透明性が担保されています。④管理者不在のため、これまで仲介者に払っていたような中間コストがあまりかかりません。

保険商品の取引や官公庁での申請などで、人を介さずに「契約に基づいた取引」が行われる未来が期待されています。例えば、スマートコントラクトを利用した保険商品「イーサリスク（Etherisc）」は、飛行機の遅延や欠航による損害を自動的に補償します。予約をした飛行機が45分以上遅延した場合や、台風の被害にあった際に、一定の条件を満たしている場合は保険料が自動ですぐに振り込まれるのです。従来の保険商品では、中央管理者の確認や承認を経て保険料が支払われていました。スマートコントラクトは、時間を要さずに透明性の高い取引をすぐに行える点がメリットです。

**イーサリスク**
https://etherisc.com/

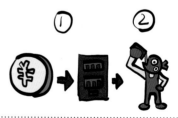

スマートコントラクトの特徴は、契約をスムーズに進められること、中間者がいなくとも取引が行えること、情報の透明性が高いこと、契約の停止や中断がない事などが挙げられます。

スマートコントラクトの概念はニック・スザボ氏が1990年代に考案したとされています。後にイーサリアムの考案者であるヴィタリック・ブテリン氏がブロックチェーン技術を用いて開発・実用化をしました。

## 「トラストレス」という革新的な概念

　ブロックチェーンの特徴であり、ブロックチェーンにしかできないことに「トラストレス」が挙げられます。トラストレスとは「トラスト：信用」＋「レス：不要」──つまり信用が不要という特徴を持ちます。

　相手の顔が見えないインターネット上のサービスを利用をする時には、管理者やサービス自体をまずは信用する必要があります。私たちはインターネットのサービスを初めて利用する前に、Webで検索をして実際に使っているユーザーの体験ブログなどを確認したり、知り合いの評判を聞いたりして、利用しても問題がないか調べます。これらの行動は、信用できるサービスなのかどう

かの確認作業に当たります。

　一方、取引履歴が公開され改ざんされないブロックチェーン上のサービスは、そもそも信用にコストをかける必要がなくなります。このようなトラストレスはブロックチェーンが生んだ革新的な概念であり、信用を足かせにすることなく、売りたい人と買いたい人、管理者と仲介者を直接つなぐことが出来るようになります。日本円のような法定通貨は、政府や中央銀行が信用を保証しています。一方で、ビットコインやイーサリアムなどのブロックチェーンに信用を担保する管理者がいないのは、トラストレスの仕組みが背景にあるためです。

---

### Column　イーサリアムについて知っておこう

　イーサリアムとは、ヴィタリック・ブテリンが2013年に考案をして、2015年にリリースされたプラットフォームのこと。

　イーサリアムの最大の特徴は、ブロックチェーンにスマートコントラクト機能を備えたことです。

　イーサリアム (Ethereum) のほかにイーサ（Eher）という言葉を見かけますが、イーサリアムはプラットフォームの名称で、その中で使われる暗号資産が「イーサ」で単位は「ETH」です。ETHに発行上限はありません。

　さらに、2022年9月、マイニングというブロックチェーン取引を承認する作業で使われる方式が、「PoW（Proof of Work）」から消費電力を抑える「Proof of Stake〈PoS〉」に移行しました。

---

ブロックチェーンとスマートコントラクト活用のひとつにDAO（分散型自律組織）という組織運営が挙げられます。特定の管理者不在で一定の条件の元に組織運営の意思決定がなされます。

知名度や実績を信頼して仕事を受注する担保になっていましたが、トラストレスが社会に浸透していくと、知名度に乏しいクリエイターが大きな企業案件などに関わっていく事ができる可能性があります。

**1-4　NFTの登場は、世界にとって「事件」だった**

NFTはまたたく間に歴史的な事件を更新してきました。
その流れを時系列に沿って簡単におさらいしましょう。

### 2021年3月
**アーティスト「Beeple」のコラージュ作品が6,900万ドル（約75億円）で落札**

デジタル作品が売れたことに加えて想像を超える高額の落札額であったためこの話題でNFTを知った人も少なくないはずです。デジタル作品の過去最高額となりデジタルアートやアートマーケットの歴史を塗り替える出来事となりました。

### 2021年3月
**Twitter創始者が投稿した世界初のツイートが291万5,835ドル（約3億1640万円）で落札**

落札されたツイートは2006年のもの。アーティストが制作した作品に限らず、ツイートのNFTがオークションで高額落札されるなどとは、これまで想像もつきませんでした。この歴史的な事件は、デジタル化されたあらゆるデータがNFTとして売買される可能性を感じさせる出来事でした。

### 2021年3月
**せきぐちあいみのVRアート作品66.3985ETH（当時約1,300万円）の値で落札**

2016年からVRによる3Dアート制作やライブペイントのパフォーマンスを行ってきたせきぐちあいみのVRアート作品「Alternate dimension 幻想絢爛」がOpenSeaで約1,300万円で落札されました。「VRアートの新たな可能性が始まる記念すべき日となりました」と自身のTwitterアカウントでコメントをしています。

### 2021年3月
**Coincheck NFT（β版）が登場**

国内初となる、暗号資産交換業者が運営するマーケットプレイスが誕生し、ユーザー同士でNFTと暗号資産の交換取引ができるようになりました。対応する通貨はBTC、ETHのほか現在16種類に渡り、暗号資産取引所ならではの対応と言えます。2021年4月に売り出されたThe SandboxのLAND NFT（メタバースの土地）初売り分は、開始から8分で完売するなど、この頃からNFTやメタバースへの注目がすでに高まっていました。

クリスティーズとは1766年にジェームズ・クリスティーによって設立されたオークションハウスです。現在はロンドン、ニューヨーク、香港を中心に、美術品をはじめとして宝石や時計など様々分野の取り扱いをしています。

Beepleは1981年生まれのアメリカのアーティストです。NFTの登場により作品の所有や収集する方法が変わり、美術史における次の章としてデジタルアートの始まりに立ち会っていると表明しています。

## 2021年8月

### 9歳の日本人少年によるNFTアートプロジェクト「Zombie Zoo Keeper」が大きな話題に

夏休みの自由研究に制作したピクセルアートを0.006ETH（当時約2300円）で3点OpenSeaで販売開始し、1週間後に売買されました。その後、アメリカのインフルエンサーが購入してさらに話題となり、その直後に2ETH（当時約80万円）で売買されるなど世界中で注目の的となりました。

## 2021年9月

### 香取慎吾や関口メンディー（EXILE）など芸能人も参入

香取慎吾は、「NFTアートチャリティプロジェクト」と称したパラスポーツの活動支援を行いました。その際にLINE BITMAX Walletを採用し、集まったお金は全額寄付しました。関口メンディーはTwitter上で「NFT買ってみたー！」「買ってみて分かったけど、この世界はメチャクチャ面白い！」という投稿をして購入したイラストをTwitterアイコンにするなど、芸能界と一般ユーザーとの垣根を超えたコミュニケーションが生まれました。

## 2021年12月

### 人口800人の限界集落・新潟県長岡市山古志がNFTで町おこし

コミュニティーへの参加権として「電子住民票NFT」を発行し、人口800人＋オンライン住民10,000人でテクノロジーによる地方創生を目指しました。デジタル住民専用のDiscordで意見を集約し、そこで得た投票や収益による課題解決で注目されています。この企画は長岡市公認のプロジェクトとなった点でも話題になりました。

## 2022年4月

### 日本発の「新星ギャルバース」が、OpenSeaで1位を獲得

日本発のコレクタブルNFTコレクション「新星ギャルバース」が、NFTマーケットプレイス「OpenSea」で1位を獲得。2022年4月14日に8,888種類のデザインが公式サイトで販売開始（Mint価格:0.07ETH）され、即座に完売。NFTがコミュニティー・アニメ制作に関われる参加権となるロードマップが発表されています。

## 2022年9月

### 米国スターバックスがNFTを活用したStarbucks Odysseyの登録開始

Starbucks Odysseyは、米国スターバックスが2022年9月12日より募集開始をしたNFT活用の新サービスです（日本国内の展開は未発表）。WEBアプリにログインしクイズやゲームに参加することで、NFTスタンプ（Journey Stamp）を獲得できます。NFTスタンプの獲得数に応じて、リワード（報酬）の獲得ポイントが増加。飲食物やギフトなどと交換可能、限定イベントやコーヒー農園への旅行に招待、とされています。

........................................................................

山古志の電子住民NFTはデジタルアート作品とコミュニティ参加権が一体になったNFTです。視覚的・所有的なアート以外に権利や特典などをユーティリティ機能という事があります。

Starbucks Odysseyは既存サービスのStarbuck Rewardsと紐づいてNFTスタンプを収集することのできるプログラムです。知名度のある様々な企業がNFTを通じた新しい動きを見せています。

NFTの土台であるブロックチェーンの仕組みや特徴を知り、NFTにまつわる歴史的事件を知ることで、
NFTの「輪郭」がぼんやりと分かってきたのではないでしょうか。
ここではNFTの特徴をスッキリまとめます。

### 理由1　デジタル資産の「所有者」が誰なのか明確にできるから

憧れの作家が手掛けたグッズやアート作品を展示場や販売イベントなどで買う行為は、広く一般的に行われています。かっこいい作品を身近に感じることで自分のモチベーションUPに繋がるなど、私たちは自分とアイテムが紐づけられること（＝所有）にメリットを感じます。一方、WEBサイトに掲載されているデジタル作品はどうでしょうか？　デジタル作品の場合は誰もがダウンロードやコピーが容易で、見たいときに見ることができます。しかしそれを作品として所有している感覚はあるのでしょうか？

これまでもデジタル作品の著作権は存在したものの、作家が「自分こそがこの作品の唯一の所有者である」と証明する方法は、一般的に確立されていませんでした。さらに、オリジナルの作品データとコピーされた作品データとの違いを作家が示すことも簡単ではありません。

そこでNFTを活用すると、制作者（発行者）は誰か、いつMintされたのか、誰の手に渡ったのか、現在の保有者は誰であるのか……といった情報が誰にでも確認できます。購入された瞬間に制作者がリアルタイムで分か

| | 既存のデジタル作品 | NFT |
|---|---|---|
| ネット取引 | 証明書がない | NFTが証明書となる |
| 唯一性<br>希少性 | 本物かどうか区別できない | NFTによって証明される |
| 所有者 | 不明確 | 明確 |
| 所有の履歴 | どのような履歴を持っているか<br>わからない | 取引の履歴が全て記録されている |
| 著作者 | 著作者が不明になる可能性<br>転売されても報酬はない | 著作者が記録される<br>転売のたびに報酬を得ることも可能（設定による） |

人類は古来より様々な方法で所有が行われていました。歴史を遡ると遺跡からアクセサリーが出土され、音楽はCDやレコードという形で所有され、思想や物語は本という形で所有がなされてきたと考えられます。

Mint：お金を鋳造する（Minting）という意味があり、NFTにおける「Mint（ミント）」とは、NFTを新しく制作・発行すること。また、ListはNFTに値付けをすることです。手順はNFTをMint（制作）→ List（値付け）となります。

るため、SNSやブログを通じて「〇〇さん、ご購入あ
りがとうございます！」といったコミュニケーションも
可能です。さらに購入者が「〇〇さんの作品NFTを買
いました！」と投稿をすることで作家応援の雰囲気を作

れ、界隈の盛り上げに繋がります。これらはデジタル作
品がコピーではなく本物であること（真贋性）を証明で
きるからこそ、成り立つものです。

理由2 デジタル資産の「希少性」を担保できるから

数を限定せずに量産発行された人気作家の「普及版」
作品と、1点だけのレアものとして発行された「特別カ
ラー版」作品を比べた場合、やはりどうしても特別カラ
ー版を欲しがる人が多くなるものです。もしその限定カ
ラー版が1点だけオークションにかけられて想像もつか
ないような高値で落札をされたら、落札者はきっと普及
版では味わえない満足感を得られるでしょう。

私たちの生活の中で、モノやサービスの価格は、需要
と供給のバランスによって決まります。NFTの価格や
価値も同様です。現存する作品数より欲しいという声が
多くなること、つまり供給より需要が上回ると価値が上
がり、取引時には高値になります。

加えて、現実世界の作品販売とNFTが異なる大きな

点は「確実な作品数を誰もが確認できる」ことにありま
す。例えば人気作家が、実は特別カラー版をこっそり3
点作っていて、どうしても欲しい人にバレないように売
っていたら、価値や価格は今後どうなるでしょうか？
3点も実在するとバレたときに価値は下がるかもしれま
せん。NFTの場合はつねに公開された状態にあるため、
デジタル作品の発行数・販売数を誰もが確認でき、その
希少性が確実なものになります。

NFTはインターネット上のデジタル作品の取引にお
いて欠けていた真贋性・希少性を補うものです。発行者
〜所有者を明確にすることと、希少性の担保が掛け合わ
されることで、今までになかったデジタル作品の楽しみ
方や、売買、表現の可能性が広がりました。

NFT作品のレアな描写やタイプを差しはかる見方をレアリティといいます。
OpenSeaは2022年9月にNFTのレアリティを算出するOpenRarityをスタ
ートしました。特定のNFTにおける希少性が確認できます。

OpenRarityはすべてのNFTコレクションに対応するものではありません。
OpenRarity を表示される場合、NFTコレクションのクリエイターが表示設
定をする必要があります。ランキングは必須条件ではありません。

仲介者（中間業者）不在のNFT売買には、主に3点の特徴があります。

①手数料の削減が期待されます。絵画や彫刻といったアート作品を販売する時に、従来のWeb販売サイトを利用すると手数料10〜20%を支払います。一方、NFTの場合は企業団体など仲介者が入ることなくスマートコントラクトを介した個人間の直接やり取りとなるため、今まで支払っていた仲介の人件費や維持費などの削減を見込めます。本誌で紹介するNFTプラットフォーム「OpenSea」の手数料は2.5%で私たちが使っていた既存サービスの1/10〜1/5程度と、手数料の圧縮が特徴のひとつです。

②二次流通ロイヤリティーを設定できます。従来のアート作品の場合は、高額な二次流通、三次流通が起こっていくら話題になったとしても、作家には1円も入りませんでした。一方NFTの場合は、作品の売買が発生するごとに、事前に設定していたロイヤリティー（OpenSeaの場合：最大10%）が作家の元へ還元されます。既存のサービスにはなかった特徴です。

③売上を即時、手に入れられます。既存の販売サイトは、売上が立って作家へ振り込まれるまで早くて月末、タイミングが合わないと数か月待たされることも。NFTを通じたデジタル作品の場合は、売買が発生したタイミングで即時クリエイターへ反映されます。

もちろん、既存の販売サイトやアートギャラリーには、販売のための集客手法やノウハウがあり、その点は作家にとってもメリットです。既存のサービスを使うのか、手数料や二次流通にメリットがあるNFTを使うのか。クリエイターは選べる状態にあると言えます。

デジタルアート　マンガ　ゲーム内のアイテム　トレーディングカード　音楽

あらゆるデジタルデータはNFTになると言えます。例えば、デジタル化したマンガ、ゲーム内の土地やアイテム、トレーディングカード、音楽など。コンテンツ以外にも会員権など活用できる幅は広いです。

なんでもNFTにしていいのか？という質問がありますが、なんでもNFTにしていい訳ではありません。例えば、イラストや写真など販売を目的とした時に著作権を侵害していないか？など確認をする必要があります。

第 2 章

さあNFTを始めよう！

# 2-1 NFTを始める方法

　いざ「NFTを始めよう！」と思って調べてみると、ハードルがかなり高いと気づくはずです。暗号資産用の口座を開設したり、NFTを売り買いするためのWEB用のソフトウェアのお財布「暗号資産ウォレット」を用意する必要があるなど、初心者には分かりづらい作業ばかりです。

　これらを網羅的に理解するには、聞きなれない専門用語や手順をひとつひとつ覚えていく必要があり、膨大な時間がかかってしまいます。そこでこの本では、一番オススメで最短の方法を伝授します。暗号資産取引所で口座開設をせずに、NFT専用のお財布「MetaMask」を作ってから、NFTプラットフォーム「OpenSea」に接続。NFTを発行(Mint)する、売る（List）、売った資金でNFTを買う――ここに焦点を絞ってご紹介します。

## NFTを出品・購入するための準備

　OpenSeaでNFTを出品・購入するための準備は以下2点です。
①暗号資産ウォレットMetaMaskを作る
②暗号資産ウォレットをOpenseaに接続する

　NFTの売買プラットフォームを利用するにはMetaMaskの用意が必須です。ここでは、Webブラウザ「Google Chrome」の拡張機能を使ったMetamaskの設定方法を紹介します。

## MetaMaskとは

　MetaMaskとは、暗号資産を管理できるWEBのお財布＝ウォレットです。イーサリアム（ブロックチェーン技術を応用したプラットフォーム）をベースにした暗号資産やNFTを保管できます。Webブラウザの拡張機能やスマホアプリをインストールして利用が可能（※1）です。NFTゲームに連携できるなどの汎用性があります。

## MetaMaskができること

- 暗号資産の保管・管理ができる
- NFTの保管ができる
- トークンのスワップ（≒両替）ができる
- イーサリアムのブロックチェーンと連動したサービスの決済に使える
- ブロックチェーンゲームと連携できる
- polygonチェーンなど対応チェーンのトークン・NFTが管理できる

## MetaMaskの特徴

銀行にお金を預けたら、銀行が管理者であり、預けた資産を管理します。MetaMaskは、ブロックチェーン技術による分散型管理を行っているので管理者が不在です。

---

※1 MetaMaskは、Webブラウザ（Google Chromeなど）の拡張機能として利用する「Web版」と、スマホなどにアプリをインストールして利用する「アプリ版」の2種類あります。ここではWeb版を紹介します。

MetaMaskはEthereumチェーンのウォレットとして機能していましたが、Polygon、Arbitrum、Aurora、Avalanche、BNB、Fantom、Harmony、Optimism、Palmといった様々なチェーンに対応を広げています。

**自分専用のお財布「MetaMask」を作る**

ChromeウェブストアからMetaMaskを取得します。

**01**

Chrome画面 の右上にあるメニューアイ
コン「…」をクリック。
→ 「その他のツール」をクリック
→ 「拡張機能」をクリック
拡張機能とはChromeに機能を追加する
プログラムのことです。さまざまな機能を
ブラウザに追加でき、とても便利です。

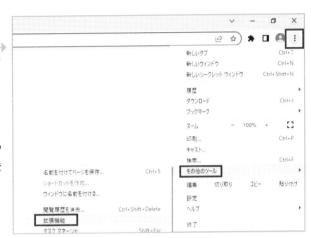

**02**

拡張機能のメニューアイコン ≡ を
クリック。

**03**

Chromeウェブストア
を開きます。

Chrome ウェブストアを開
きます

**04**

「Chromeウェブストア」をクリック。
Chromeウェブストアはアプリのオン
ラインマーケットです。アプリの詳細や
レビューを参考にできます。

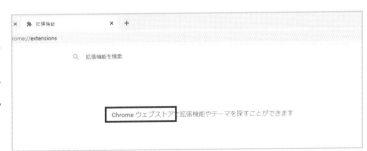

## 05

検索欄に「metamask」を入力。
「MetaMask」を選択します。

## 06

「Chromeに追加」を
クリック。

## 07

「MetaMask」を追加しますか？
のウィンドウの 「拡張機能を追
加」をクリック。

## 08

MetaMaskにようこその画面で
「開始」をクリック。

## 09

MetaMaskの品質向上へのご協力の
お願いの内容を確認し、「同意する」を
クリック。
ちなみに、この内容へ同意すること
で、個人情報が収集されることはあり
ません。ユーザーの使いやすさが向上
するために使われるデータを提供し協
力するものです。

## 10

ここでは、MetaMaskを初めて利用
する前提で進めます。
さあセットアップしましょう！の「ウ
ォレットを作成」をクリック。

## 11

パスワード作成画面で「ログインパスワード」
を設定。「利用規約を読んで同意しました」の
チェックボックスに「チェック」を入れて「作
成」をクリック。

# 12

シークレットリカバリーフレーズについて、ウォレット
を安全に保つ方法についてを確認し、「次へ」をクリック。

# 13

シークレットリカバリーフレーズをメモ・保存。
鍵付きのグレー部分をクリックし、シークレットリカバ
リーフレーズを表示。シークレットリカバリーフレーズ
のWordとその順番をメモし「次へ」をクリック（※1）。

......................................................................................................

※1 シークレットリカバリーフレーズは他のPCへ引っ越しするなど、Meta
Maskを復元するときに使います。MetaMask公式からシークレットリカバ
リーフレーズを聞かれることはありません。

# 14

シークレットバックアップフレーズの
確認。
シークレットリカバリーフレーズの
「Word」を「順番通り」に選択し、「確認」
をクリック。

・パスワード：MetaMask のアンロック
（ログイン）に使います。
・シークレットリカバリーフレーズ：PC
の買い替えなど新しいPCにMetaMask
を引き継ぐ際に、MetaMask を復元をさ
せるために使います。
・秘密鍵：ウォレット内のアドレスの数だ
け存在。ウォレットにアカウントをインポ
ートするのに使います。

# 15

MetaMaskが作成されました。
「すべて完了」をクリック。
シークレットリカバリーフレー
ズ・秘密鍵を第三者に知られる
とウォレットの複製ができ不正
送金されてしまいます。シーク
レットリカバリーフレーズ・秘
密鍵は手書きで紙に残して保
管。オンライン上に秘密鍵を置
かないこと。置く場合には必ず
パスワードをつけたファイルで
保管することなど、不正対策を
します。

## おめでとうございます

テストに合格しました。シークレットリカバリーフレーズを安全に保管してください。保管はユーザーの責任となります！

**安全に保管するためのヒント**

・バックアップは複数の場所に保存します。
・フレーズは絶対に誰にも教えないでください。
・フィッシングにご注意ください！ MetaMaskがシークレットリカバリーフレーズをいきなり要求することは絶対にありません。
・シークレットリカバリーフレーズを再度バックアップする場合は、[設定] -> [セキュリティ] でそれを見つけることができます。
・ご質問、または不審な点がある場合は、サポートこちらまでお問い合わせください。

*MetaMaskはシークレットリカバリーフレーズを復元できません。詳細。

## 16

ブラウザのタブとして、MetaMaskが表示されます。
Chromeの拡張機能としてピン止めしていつでもMetaMaskを表示管理できるため、ブラウザ画面を落としても問題ありません。

## 17

拡張機能をピン止めする。
「拡張機能」アイコンをクリック → 「ピン止め」アイコンをクリック。
ブラウザのタブを閉じても拡張機能のピン止めで、いつでもスムーズにMetaMaskを表示できます。

## 18

拡張機能がバーに表示されました。
Chromeの拡張機能としてアドオンしたウォレットは、同様にピン止めが可能です。

## 19

拡張機能からMetaMaskを表示。バーの
「MetaMaskアイコン」をクリック→拡張機
能版MetaMaskが表示されます。MetaMask
はEthereumおよびEthereumベースの暗号
資産やNFTの保管・管理・送受信ができま
す。Ethereumベースの暗号資産の例として
Polygon、Avalancheなどのトークン規格が
あります。これらも利用できます。

---

**Column  MetaMaskの特徴と機能**

・Ethereumベースの暗号資産（トークン）を送受信・保管できます

・EthereumベースのNFTを送受信・保管できます

・暗号資産（トークン）のスワップができます。スワップは簡単に言うと「両替」ですが、銀行のような中間管理者はいません

・複数のウォレットを作成して、用途ごとにウォレットの使い分けができます

・NFTマーケットプレイスやNFTゲーム、Dappsなど、Ethereumのブロックチェーン上に作成されたサービスに接続して使
えます。DappsとはDecentralized Applicationsの略称で「分散型アプリ」と呼ばれ、スマートコントラクトをベースに稼働
するサービスです

・手数料（ガス代）を自由自在に設定できます。Ethereumブロックチェーンでは1秒間に承認できる処理の量が決まっています。
取引（トランザクション）が多い場合は、手数料（ガス代）を多く支払った順に処理されていきます

・対応しているWebブラウザはGoogleChrome、FireFox、Opera、Braveです

# 23 NFTの売買市場「OpenSea」とは？

ここまで、NFTマーケットプレイス（電子市場のこと）に出品する準備として、暗号資産ウォレットの作成手順をお伝えしました。いよいよ、NFTを出品・売買取引できるマーケットプレイス「OpenSea」への接続方法と出品方法を紹介します。OpenSeaは、2021年のNFT取引量で群を抜く実績を残しました。直近2021年のNFT取引量総額130億ドル超のうちOpenSeaが125億ドルと、圧倒的なシェアを占めています（米国・暗号資産メディア『The Block』より）。

NFTを売買できるマーケットプレイスは他にも数多くあります。それぞれの販売形態には特徴があり、対応するブロックチェーンも異なります。

また、誰でも参加できるマーケットと聞くと、オープンで明るい印象を抱く一方で、経験や制作の熱量、属性などを問わず誰でも参加できるため、作品のクオリティにばらつきがあるのが実状です。

他にも、招待制や審査制のマーケットがあります。そこでは作品のクオリティが担保されるため、作品の売買単価が比較的高いという特徴があります。

---

## Column さまざまな特徴をもつNFTマーケットプレイス①

ここでは主なNFTマーケットプレイスを紹介しましょう。

①OpenSea
・サービス開始：2017年
・対応ネットワーク：Ethereum・polygonほか（Klaytn、Tezos）
・主なジャンル：アート、写真、コレクタブル、3D、ボクセルなど
・特徴：日本人ユーザーが多く、使いやすいインターフェイス

②Foundation
・サービス開始：2021年
・対応ネットワーク：Ethereum
・主なジャンル：アート、写真
・特徴：クリエイター登録は招待制

③LooksRare
・サービス開始：2022年
・対応ネットワーク：Ethereum
・主なジャンル：アート、写真、コレクタブル、3D、ボクセルなど
・特徴：利用に応じてトークンが付与される

④SBINFT(nanakusa)
・サービス開始：2021年
・対応ネットワーク：Ethereum・polygon
・主なジャンル：アート、写真、コレクタブルなど
・特徴：日本発プラットフォーム、クレジットカード対応

## OpenSeaアカウントを作る前準備

MetaMaskを接続さえすれば、NFTの販売や購入は可能です。ここでは作成事例として、アカウントのアイコンや、作品シリーズを収めるCollectionページを画像やテキストで設定していきます。この事例でのアカウントページ制作に必要な画像素材は以下の2点です。

Profile image

推奨サイズ350×350
（最大サイズ100MB）

Profile banner

推奨サイズ1400×400ピクセル推奨（最大サイズ100MB）

ほかに、以下のテキスト情報を登録することができます。

- Username：任意のユーザー名
- Bio：Biography 自己紹介テキスト
- Email Address：作品販売の通知やアップデート情報などを受け取れます
- Social Connections：SNSのリンクを表示
- Twitter：任意のTwitterリンクをProfileページに表示できます

- Instagram：任意のInstagramリンクをProfileページに表示できます
- Webサイト：任意のWebサイトリンクをProfileページに表示できます
- Wallet Address：売り上げ管理に使うウォレットアドレスを登録します

---

**Column　さまざまな特徴をもつNFTマーケットプレイス②**

⑤CoincheckNFT（β版）
- サービス開始：2021年
- 対応ネットワーク：Ethereum・polygon
- 主なジャンル：ブロックチェーンゲームのキャラクターやアイテムがメイン
- 特徴：国内の暗号通貨取引所と接続しているため売買しやすい

⑥tofuNFT
- サービス開始：2021年
- 対応ネットワーク：Ethereum・polygon・BNB・Shidenなど
- 主なジャンル：アート、写真、コレクタブルなど
- 特徴：逆輸入プラットフォーム

# 2-5 OpenSeaのアカウントを作る

## 01

https://opensea.io/ にアクセスします。Webで「Opensea」を検索をすると偽サイトが上位に表示される可能性があります。初めてアクセスする際は公式SNSサイト（※1）のURLを確認して、間違いがなければブックマークをするなどNFTに関するアクセス全般で注意を要します。

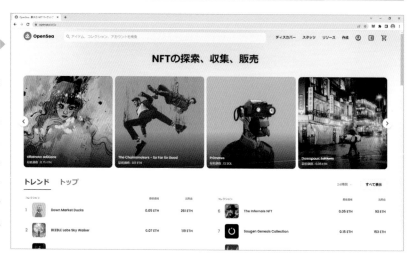

## 02

Profileアイコンにカーソルを合わせ、表示されるメニューからProfileをクリック。

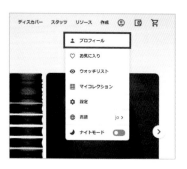

## 03

MetaMaskを接続。Openseaに接続するウォレットを選択します。ここでは、「MetaMask」をクリックします。

反応がない、あるいは画面の切り替わりがない場合はMetaMaskの確認画面が表示されていない可能性があります。その場合、アドオンのピン止めされたMetaMaskアイコンに数字が表示されています。数字は確認などが保留になっている数です。MetaMaskアイコンをクリックすると、確認や承認画面が表示されます。

---

※1 Openseaの公式Twitterアドレスは https://twitter.com/opensea です。Openseaの偽SNSサイトも数多く出回っているので、情報収集の際は気を付けましょう。

OpenseaのTOP画面にはフィーチャーされた作品やトレンドが表示されます。今の流行やNFTアートの多様性、世界で好まれる傾向などを確認できます。

## 04

MetaMask を接続する
アカウントの確認。
Openseaに接続するア
カウントを確認し、「次へ」
をクリックします。

## 05

接続先に与える権限を確
認します。
Openseaに与える権限
を確認して「接続」をク
リックします。

## 06

Openseaにアカウントが表示され
ます。Teams of Serviceはサービ
スを利用するための同意事項です。
販売や取引に関わることなので利用
条件が厳密に書かれています。「ToS」
「TOS」などと略されることがあり
ます。「Accept and sign」をクリ
ックして次に進みましょう。

## 07

利用規約に署名する。
内容を確認し「署名」を
クリックします。

利用規約の内容は主に以下の通りです。
・利用規約に同意してクリックしましょう
・この要求（署名）にガス代（手数料）はかかりません
・認証は24時間で切れます。（24時間経ったらまた署名を要求され
ます）

利用規約は以下ページに掲載がされています。
・Terms Of Service
https://opensea.io/tos

# 08

Profileの設定をしましょう。
Profileアイコンにカーソル
を合わせ、「設定」をクリック
します。

もともとOpenseaはすべて
英語表記でしたが、2022年9
月に入って順次、日本語対応
になりました。

# 09

Profile設定画面が表示されます。自己紹介テキストやSNS連携など、作家情報を充実させることは作品制作の精度を高めることと同じくらい大事なことです。それぞれの項目を確認して入力していきましょう。

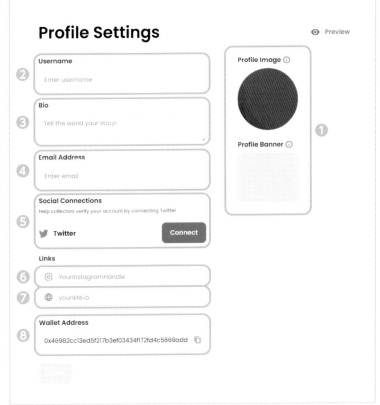

## メディア項目

❶Profile image、Profile bannerそれぞれをクリックして画像を選択します。

## テキスト項目

❷Username

対応するテキストはアルファベット、半角数字、ハイフン（-）、アンダースコア（_）です。

❸Bio

Biography

自己紹介テキストを入力します。日本語（ひらがな・カタカナ・漢字）に対応します。

❹Email Address

NFT作品が売れた時や、Openseaからアナウンスがあった時に連絡があります。

❺Social Connections

「Connect」→ MetaMaskで「署名」→ Twitterアプリのアクセスを許可「連携アプリを認証」でOpenseaにTwitterを連携します。

---

Profileアイコンやテキストは編集ができます。一度試しに入力をしてどのような表示になるのか確認をしたあとに本入力をするなど、試してみてもいいでしょう。

また、Openseaになりすましたメールが届く場合があります。ファイルを開かせたり、サイトへ誘導する内容の場合は、すぐにアクションを起こさず十分に注意をしましょう。

❻Instagram

Instagramのハンドルネームを入力します。

❼Webサイト

活動に紐づくWebサイトのURLを入力します。

❽Wallet Address

Openseaに接続したWallet Addressが入力されていることを確認します。

❺のTwitter連携をする場合、アクセスの許可が必要です

・このアカウントのタイムラインに表示されるツイート（非公開ツイートを含む）や、リストとコレクションを確認する

・このアカウントでプロフィール情報とアカウントの設定を確認する

・フォロー、ミュート、ブロックしているアカウントを確認する

OpenSea (NFT Marketplace)にアカウントへのアクセスを許可しますか？

[ユーザー名、またはメール]

[パスワード]

☐保存する・パスワードを忘れた場合はこちら

[連携アプリを認証]　[キャンセル]

このアプリケーションは次のことができます。

• このアカウントのタイムラインに表示されるツイート（非公開ツイートを含む）や、リストとコレクションを確認する。

• このアカウントでプロフィール情報とアカウントの設定を確認する。

• フォロー、ミュート、ブロックしているアカウントを確認する。

サードパーティアプリの許可について詳しくはヘルプセンターをご覧ください。

OpenSea (NFT Marketplace)

による OpenSea

opensea.io/

This app was created to use the Twitter API.

プライバシーポリシー

利用規約

## 10

「Save」を押してProfileページ作成を保存します。

## 11

登録したメールアドレス
に確認メールが届きま
す。「VERIFY MY EMAIL」
をクリックします。

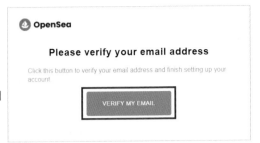

## 12

「Back to OpenSea」を
クリックしてProfileペ
ージ作成完了です。

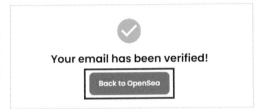

## 13

Profileページが作成され
ました。
Profileページの編集を行
う場合は、「Profileアイコ
ン」→「Settings」で編
集ができます。

..................................................................................................

Profileページと次に作成をするCollectionページの見た目は似ています
が、Profileページはアカウント全体を表示・管理をするページです。一方の
Collectionページは「制作した作品のシリーズを管理する」ものです。

ProfileページのURLを第三者に伝える場合、シェアボタンからテキストをコ
ピーするほかに、https://opensea.io/ +「ウォレットアドレス」も同様に
使うことができます。

# Collectionページを作ってみる

**2-6**

Collectionページは、Openseaの機能のひとつです。出品するNFTをシリーズごとに作成・キュレート（集収してまとめる）・管理ができます。ただし、Collectionページの作成は必須ではありません。

## 01

Collectionページを作成する。
Profileアイコンをクリックして、menuから「My Collections」を選択します。

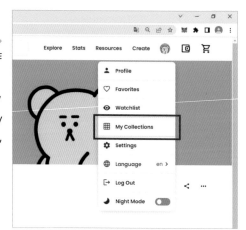

## 02

「Create a Collection」をクリックします。コレクションという箱を作って、その中に一連の作品をまとめます。コレクションで管理する方法は2通り。①コレクションを作ってそこでMintをする方法　②Mintしたあとに、コレクションに移動をする方法です。

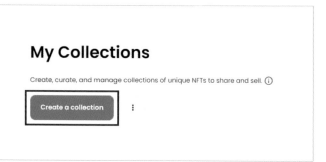

---

Collectionは任意のタイミングで制作することができます。Collectionを制作する前にMintをしたNFTは、後に制作したCollectionへ移動できます。NFTマーケットによって、作品をシリーズごとにまとめるCollection機能の有無が異なります。OpenSeaのCollectionは、他のNFTマーケットでMintしたNFTを管理できる場合があります。

# 03

Collectionページで必要な
素材は以下の通りです。ス
マートフォン・タブレッ
ト・PCなどさまざまな画
面比率に応じて、banner
の見え方は変化します。隅
の方に文字入れをすると、
デバイスによっては切れて
しまう場合があるので注意
します。あとからbanner
は変更できます。

## ① Logo image

推奨サイズ350×350

## ② Featured image

推奨サイズ600 x 400
Featured imageは、Collection
ページのURLをSNS等に貼り付け
た際に使われるイメージ画像です。

## ❸ Banner image

推奨サイズ1400×400 Banner imageは、Collectionページの上部に表示されます。

④Name
任意のCollection名。

⑤URL
Collectionに関連するURLを登録します。使える文字
はアルファベット半角小文字、数字、ハイフンのみです。

Bio
Biography 自己紹介テキスト。

Email Address
作品販売やアップデートなどの通知がきます。

⑥Description
Collectionの内容を説明します。最大1,000文字で、
マークダウン形式（※1）に対応します。

⑦Category
「Add category」をクリックして、対応するCategory
の選択をします。検索などでCollectionを見つけやす
くなります。

⑧Links
Collectionに関連するWebサイトのURL、SNSリンク
を入力します。

........................................................................................................................................

※1 Description欄に長文で書き込んだ場合、改行やスペースなどは反映さ
れませんが、マークダウン形式をつかうと段落や改行、リンクの埋め込みな
どを反映できます。

マークダウン形式で改行を行う例：①文末に半角空白スペースを2つつける
②1行空白の行を入れる　③<br>タグを使う

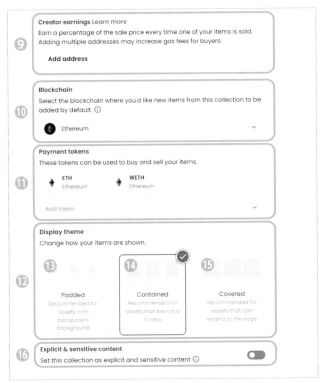

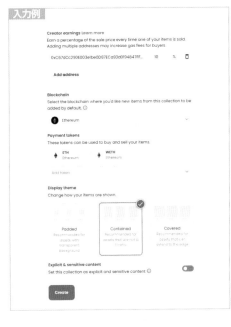

❾Creator earnings

二次流通したときのロイヤリティー設定です。最大10％まで設定が可能です。Creator Earningsを設定すると、ロイヤリティの受取先アドレスを入力するフォームが表示されます。

❿Blockchain

デフォルトで追加するブロックチェーンを選択します。ここでは「Ethereum」を選択します。

⓫Payment tokens

売買に使用できるトークン（通貨）を設定します。デフォルト（初期設定）でイーサアムチェーンのETH、ポリゴンチェーンのWETHが設定されています。今回はトークンを追加せず、デフォルト設定ですすめます。OpenSeaで使用できるトークンの追加や削除は随時行われます。

⓬Display theme

コンテンツに応じて表示する方法を選択できます。

⓭Padded

背景透過の作品に推奨する表示方法です。

⓮Contained

縦横比が1：1以外の作品に推奨する表示方法です。

⓯Coverd

作品の縁まで表示をさせることができます。

⓰Explicit & sensitive content

センシティブコンテンツを含む場合はトグルをONにします。

# 04

「Create」をクリック
してCollectionページ
の作成は完了です。

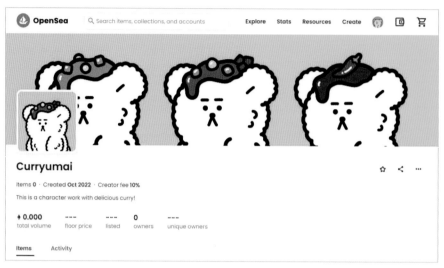

Collectionの名称とURLは変更できますが、すでに使われている文字列と重
複できないため早い者勝ちとなります。

Categoryの設定は必須ではありませんが、設定すると検索に有利になった
り、feature作品としてピックアップされる可能性があります。

# 2-7 NFTをMint（ミント）する

## NFTの制作・販売で頻繁に使う超重要な用語をまずは知っておこう

Mint:

Mintの語源は「お金の鋳造（Minting)」で、｢NFTを作る」ことを言います。OpenSeaを使う場合、プログラムの知識がなくともMintすることができます。MintしたNFTは、ブロックチェーン上にその情報が刻まれます。

List:

Listは「一覧」の意味がありますが、NFTにおけるListは｢NFTに値付けをして、販売を開始する」ことです。Mintしたあとに、Listします。

Transfer:

Transferとは特定の相手にNFTを送ることです。送り先のアドレスが分かればTransferすることができます。NFTをプレゼントする場合などに使われます。

deploy（デプロイ）：

配備する、展開する、使える状態にすることを言います。最初にNFTをMintをする時に使われます。

一般的にMintする時、Listする時、販売する時、Transferする時など、ブロックチェーンに取引履歴を刻む際はガス代（手数料）が必要となります。ところがOpenSeaは仕様変更に伴い、Mintの時点ではガス代が発生しません。販売をする時、Transferをする時にガス代が必要となります。

## 01

画面右上の「Create」をクリックします。

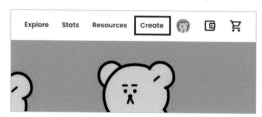

## 02

メニューマーク「…」をクリックし、「＋Add item」を選択。ここから、Collectionの中の作品をMintします。

## 03

Image, Video, Audio, or 3D Model
イラスト、写真、音楽、3Dモデルなど、作品のメインとなるコンテンツをUPします。

・対応ファイル：JPG,PNG,GIF,SVG,MP4,WEBM,MP3,WAV,OGG,GLB,GLTF

・ファイルサイズ：最大100MB

Collectionの作品一覧を表示させる時に、大きなデータを登録してしまうと表示に時間がかかる場合があるので注意しましょう。

❶Name
作品の名称を入力します。(アルファベットに加え、ひらがな・カタカナ・漢字対応)

❷External link
作品に関連するWebサイトや、作品の詳細が掲載されたURLを入力します。

❸Description
作品の説明をします。

❹Collection
作成したCollection内に入れる場合は、プルダウンからCollection選択をします。

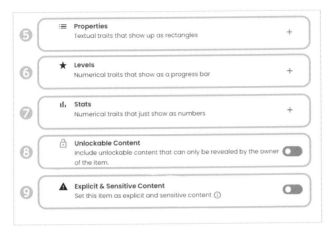

⑤ Properties

作品の属性を設定できます。

⑥ Levels

プログレスバーとして表示される数値特性を設定
できます。

⑦ Stats

数字が表示される数値特性を設定できます。

⑧ Unlockable Content

所有者のみ確認できるメッセージやURLリンクな
どを設定できます。テキスト文字列のみ対応しま
す。マークダウン形式が対応しています。

⑨ Explicit & Sensitive Content

センシティブコンテンツの場合トグルをONにし
ます。

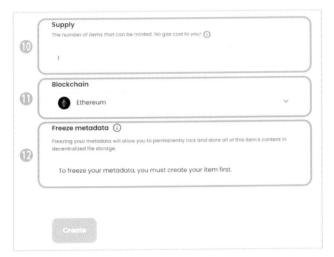

⑩ Supply

作品の発行数を設定します。

⑪ Blockchain

デプロイ（展開）するブロックチェーンを選択します。
ここではEthereumチェーンを選択します。

⑫ Freeze metadata

永続性の高い、分散型ファイルストレージに保存できま
す。Mint後、editより設定が可能です。ガス代が必要です。

·········································

Unlockable Contentはテキストのみ登録できますが、Googleドキュメン
トなどコンテンツをダウンロードできるURLを設定することで保有者へデー
タの受け渡しができます。

Freeze metadataとは、「IPFS」とも言われます。IPFSはInterPlanetary
File Systemの略称です。分散型のファイルサーバーを利用することでデー
タの永続性が強いものになります。

## 04

「Create」をクリックし
てMintします。

## 05

reCAPTCHA 認証をします。reCAPTCHA (リ
キャプチャ) は、コンピューターを操作してい
るのが人間なのかBot (ボット) なのかを判定
をするもので、Botによるアクセスを防ぎます。

## 06

Mintに成功しました。
一般的なMint方式はMintした時点で
ガス代がかかります。

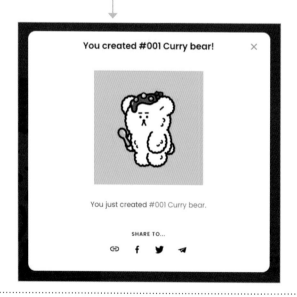

---

gasless mintingはLazy mintingとも言われます。練習で行った販売されな
いNFTをブロックチェーンに刻むことがなくなり、NFTの修正 (画像の差し
替え・タイトル変更など) ができます。

OpenSeaでMintされたNFTはOpenSeaの共用コントラクトを使ってるた
め、OpenSeaに依存したNFTと言えます。そのデメリットはOpenSeaが
サービスを終了したらNFTもなくなってしまう可能性がある点です。

# Mintした作品を確認する

① 「編集」ボタン

作品を編集できます

② 「販売」ボタン

作品を販売（List）できます

③ チェーンアイコン

Etherumチェーンであることが表示されています

④ collection名

collection名が表示されます

⑤ 作品タイトル

NFT作品のタイトルが表示されています

⑥ Owned by

所有者が表示されています。（この場合は、自分が所有者）

⑦ お気に入り

お気に入り登録をされた数が表示されています

⑧ メタデータリフレッシュ

うまく表示されない時や、メタデータが更新されたとき
に最新のメタデータに更新をします。

⑨ 転送（トランスファー）

指定をしたアドレスにNFTを送付することができます。

⑩ Share

作品URLをコピーやSNSへのシェアをすることができ
ます。

⑪ その他

登録をされているWebサイトの閲覧やレポート（問題
のあるNFTの報告）をすることができます。

⑭Discription

作品を制作したアカウントが表示されます。

作品説明が掲載されます。

⑮Properties

設定した作品の属性が表示されます。

⑯Stats

設定した数字特性が表示されます。

⑰Levels

設定した特徴と数値が表示されます。

⑱About

collectionの説明です。

⑲Details

ブロックチェーンやコントラクトなどNFTの詳細です。

⑳Contract Address

コントラクトがチェーン上にデプロイされているアドレスです。

クリックすると、polygonscanでtransactionを確認できます。

（Ethereum作品の場合はEtherscan）

㉑Token ID

NFTに割り振られたIDナンバーです。

㉒Token Standard

Ethereumの規格が表示されます。

ERC-1155は、fungible / non-fungible トークンの両方を無限に使用することができ、Multi Token Standardとも呼ばれています。

㉓Blockchain

ブロックチェーンの種類が表示されます。

㉔Metadata

メタデータの保存先が表示されます。

メタデータとは「データのデータ」と例えられます。

NFTのメタデータとは名前や説明、NFTのコンテンツ（画像、動画等）の参照先です。

㉕Creator Earnings

設定されているロイヤリティーが表示されます。

OpenSeaで扱われる規格はERC-1155です。ERCとは、Ethereum Request for Commentsの略称です。規格の代表的なものとして、ERC-20、ERC-721、ERC-1155があります。

ERC-20とは、イーサリアムブロックチェーンと互換性を持つ仮想通貨（FT）を作ることができる規格です。ERC-721はNFTを発行するための規格で、代替不可能性を持たせる特徴があります。ERC-1155は、ERC-20が持つ特徴と、ERC-721が持つ代替不可能性の両方を兼ね備えた規格で、作品ひとつを複数個Mintできます。

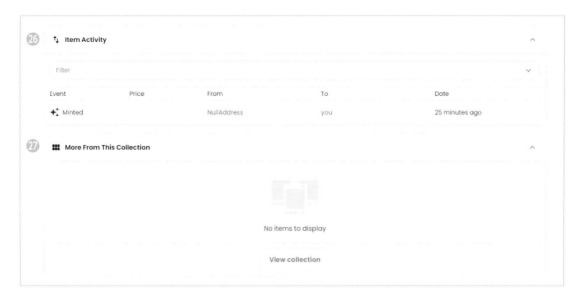

㉖Item Activity

Mintや売買された履歴、売買された額、誰が誰に
Transferをしたのか、誰から誰が買ったのかなど履歴
が表示されます。

㉗More From This Collection

同一Collectionで他の作品が表示されます。コレクシ
ョン内で他に作品をMintをした時に表示される欄です。

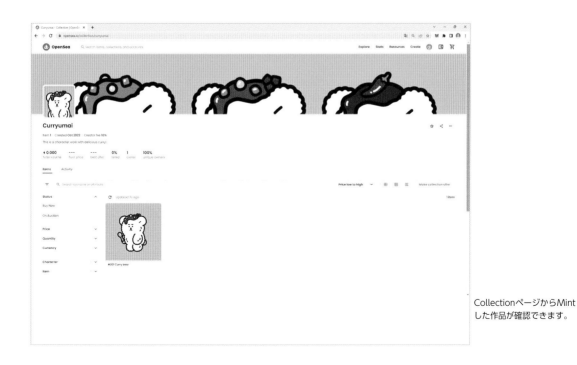

CollectionページからMint
した作品が確認できます。

# NFT作品を販売する①　Listする

NFTマーケットプレイスにおいて、Listは「NFTに値段を付けて出品する／販売を開始する」の意味で使われます。販売価格の設定など大事な項目が含まれます。

## 01

「sell」ボタンをクリックします。タイトルやdescriptionの編集をする場合は「edit」ボタンで行います。

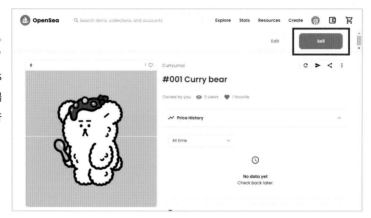

## 02

「Complete Listing」をクリックして、次の画面で必要項目を入力します。

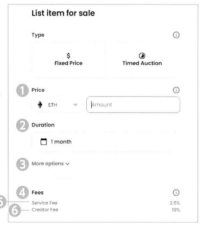

❶Price

Amount欄に売りたい価格を入力します。ここでは0.01ETHに設定します。

❷Duration

販売期間を設定します。

今すぐに売りたい場合、あらかじめ販売開始～終了期間を設定することができます。

販売期間は最大で6カ月間です。

❸More options

Reserve for specific buyer ： 指定したAddressに対してのみ販売する設定が可能です。

❹Fees

❺Service Fee：2.5%

Openseaの販売手数料

❻Creator Fee

Collectionで設定したロイヤリティー設定

# 03

Complete your Listing画面が立ち上がったあと、自動的にMetaMaskが立ち上がります。MetaMaskが表示されない場合はアドオンのバーを確認します。

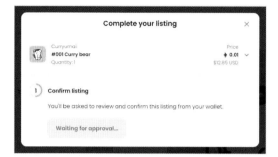

# 04

MetaMaskの「署名」をクリックします。

【ひとくちメモ】

MetaMaskと作品ネットワークが一致していない場合、「ネットワーク」を切り替える作業が必要です。

MetaMaskをOpenSeaに接続したり、作業する時に「署名」が現れます。これは、私たちの生活の中の「契約」に当たります。例えば、クレジットカード決済で買い物をする時にサインをして支払います。このサインは支払い内容の確認を行い了承した上で「契約」を交わしています。それが、MetaMaskにおける「署名」です。契約の内容は、messageに書かれています。

## 05

NFTに値付けをして、出
品することができました。

## 06

設定した「0.01ETH」で出品されています。
出品をキャンセルする場合は「Cancel Listing」を
クリックし、MetaMaskの承認をします。

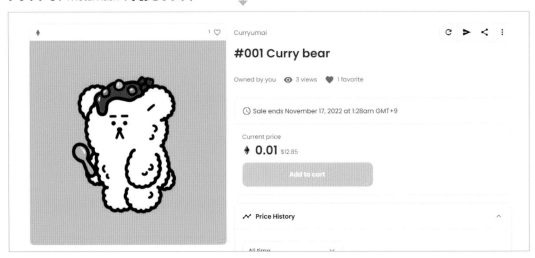

................................................................

List後はSNSなどでPRを継続すると、交流を図るきっかけになります。この
ようなコミュニケーションこそNFTの醍醐味なのかもしれません。

出品をキャンセルできるのは、OpenSeaが採用をしているgasless
minting、Lazy mintingのためです。

OpenSeaでNFTを販売する2つ目の方法に、Offer形式があります。

Offerとは、NFTを購入したい人がNFTのオーナー（所有者）に対して「〇〇ETHで売ってほしい」と希望価格を提示する方法です。オーナーがその価格を承認すれば、購入希望者は提示した価格でNFTを購入できます。

Offerは断ることも可能です。購入者の価格交渉に対して、安売りをしすぎないよう対応をしましょう。

NFTをListする場合は早い者順で購入されますが、複数のOfferが発生した場合は、出品者が売りたい人を選べるのが特徴です。

●Offerの特徴
・価格交渉を求められているサイン
・条件に合わない場合は、Offerを断れる
・Offerが複数発生した場合は、売り手を選べる
・Offerを受ける場合にガス代が発生する
・あらかじめMetaMaskにETHを準備をする必要がある
・Offerを受ける際に受け取る通貨はWETH

01

Offerが発生すると、登録しているメールアドレスに通知がきます。

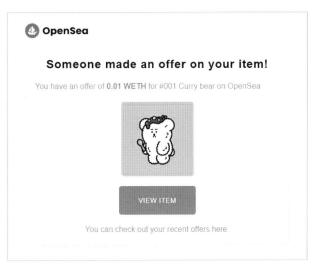

## Offers

**❶Price**
Offerプライス（ETH）

**❷USD Price**
米ドル換算額

**❸Floor Difference**
フロアプライスから乖離

**❹Expiration**
Offerの有効期間

**❺From**
Offerをしたアカウント

### Offerを断る

Offerをキャンセルする操作はありません。指定された期間が過ぎたらOfferが消えるか、またはOfferしたアカウントがキャンセルをしたらOfferは消えます。

### Offerを受ける

「Accept（受ける）」をクリックします。ここでは「0.01ETH」でOfferを受けます。発生したOfferはいつまでも有効ではないことに注意をします。Offerを受けて受け取る通貨はWETHです。

## 02

I agree to Opensea's Terms of Serviceにチェックを入れ「Accept」をクリックし、MetaMaskの承認をします。

内訳
Item：Acceptを受けるコンテンツ
Fees
・Opensea Fee：2.50%　Opensea既定の手数料
・Creator Fee：10.00%　collectionで設定したロイヤリティー
Total Earnings：0.0088 受け取り額

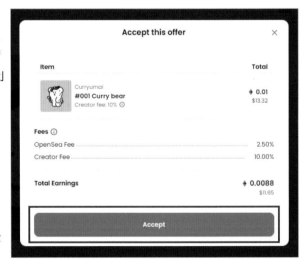

# 03

販売完了。
ListしたNFTが売れる
またはOfferをAccept
して販売完了するとメ
ールで通知されます。

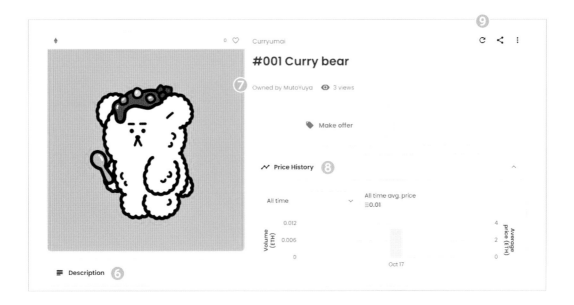

⑥Discription
NFTの説明が表示されます。

⑦Owned by
保有者(ここでは購入者)アカウントが表示されています。

⑧Price History
All Time Avg. Price作品売買の平均価格が表示されて
います。

⑨メタデータリフレッシュ
画像などの表示がおかしい場合にクリックします。

OpenSeaでタイトルやDescriptionなど、NFTの編集ができるのは、自分
がそのNFTを保有をしている時点のみです。販売やTransferで保有者が変わ
ったら、もう編集はできません。

**❾Item Activity**

履歴が表示されています。最新のイベントが上に表示されています。Saleと同時に
Transferが自動的に行われ、NFTが購入者に渡ったことがわかります。

**04**

ブロックチェーンに履歴が刻まれ
たアクションは右に 🗗 が表示され、
クリックをすると、Etherscan で
詳細を確認することができます。
（PolygonチェーンNFTの場合は、
Polygonscanがリンクされていま
す）

# OpenSeaで残高（売上）を確認する

**2-11**

ウォレットの残高（売上）を確認する方法は主に2通りあります。ひとつはOpenSeaで確認をする方法、も

うひとつはMetaMaskで確認する方法です。ここではOpenSeaで確認する方法を紹介します。

**01**

ウォレットアイコンをクリックします。

**02**

Offerを受け販売された額：0.01ETH - 2.5% Openseaの取引手数料（0.0025ETH）=0.00975ETH
少数点以下の表示桁数が4桁なので0.0097ETHと省略した額になっています。

**❶Ethereumチェーンの ETH**
ListされたNFTを買う時に使います。Openseaユーザーは「黒色ETH」と呼ぶことがあります。

**❷PolygonチェーンのETH（WETH）**
PolygonチェーンのETH はWETHを包括しているので、ListされたNFTの購入に加えてOfferやオークションで入札をする時に使えます。
OpenSeaユーザーは「紫色ETH」と呼ぶこともあります。

Wrapped ETH（ラップドイーサ）WETHは、Ethereumの価格に連動しています。
ペッグ（固定）通貨と言って1WETHの価値は、1ETHと同等です。

EthereumはERC-20というEthereumと互換性を持つ共通規格がベースになっていますが、Ethereum自体がERC-20を規定する前に作られたため機能が限定的です。そこでOpenSeaでは機能が延長されているWETHがOfferやオークションで使われます。

**❸EthereumチェーンのWETH**
Offerで購入をする場合やオークション形式でNFTを入札する時に使います。
OpenSeaユーザーは「赤色ETH」と呼ぶことがあります。

# 2-12 MetaMaskで残高（売上）を確認する

ウォレット残高（売上）をMetaMaskで確認をする方法です。MetaMaskの初期設定はEthereumチェーンのETHのみ表示されています。そのほかの通貨は残高に関わらず表示をさせる設定（トークンのインポート）が必要です。通貨の表示設定方法はいくつかありますが、ここでは簡単な方法を紹介します。

## MetaMaskにWETHを表示させる

## 01

トークンをインポート。
MetaMaskの初期設定はEthereumチェーンのETHのみ表示されています。「トークンをインポート」をクリックします。

## 02

次に、WETHを入力します。WETHを入力すると候補となる通貨が複数表示されます。

## 03

Wrapped Ether（WETH）を選択して、「次
へ」をクリックします。

## 04

「トークンをインポート」をクリックします。

---

ティッカーシンボル（ティッカーコード）は銘柄を識別するためのアルファ
ベットコードです。ビットコイン：BTC、イーサリアム：ETH、ラップドイー
サ：WETHのように各通貨にティッカーがあります。

MetaMaskにトークンをインポートする方法は主に3通りあります。
①MetaMask内で検索をして追加する方法　②サイトでコントラクトアドレ
スを取得する方法　③コントラクトアドレスをMetaMaskに入力する方法
があります。

# 05

WETHの表示が追加され、
残高が表示されます。

# 06

ここで通過情報の確認をしておきましょう。
メニューアイコン「…」をクリックして、「ア
セットをEtherscanで表示」を選択します。

# 07

Etherscanで通貨の情報を確認できます。

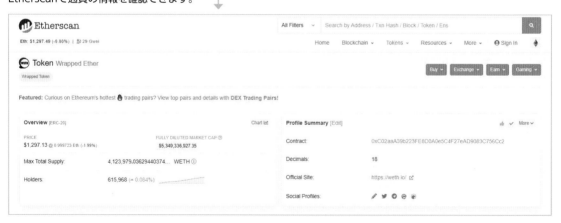

. . . . . . . . . . . . . . . . . . . . . . . . . . . . . . . . . . . . . . . . . . . . . . . . . . . . . . . . . . . . . . . . . . . . . . . . . . . . . . . . . . . . . . . . . . . . . . . . . . . . . . . . . .

コントラクトアドレスとはトークンの契約情報が書かれたアドレスのことで
す。コントラクト（契約内容）をブロックチェーンに書き込み、そのコント
ラクトの内容を実行をして機能しています。

コントラクトアドレスは一般的なアドレスとはいっけん見分けが付きません
が、コントラクトアドレスであるかどうかを見分けるにはEtherscanで検索
する方法があります。また、コントラクトアドレス宛に入金・送付はできま
せん。

# NFTを購入する　カートに追加編

2-13

OpenSeaでNFTを購入する際に、サイト内のランキングやカテゴリからNFT作品を見つけるパターンと、SNSやブログなどで見つけるパターンがおもにあります。似ているようなNFTがあれば何が違うのか、好みはどちらなのかなど探しながら楽しめるのがNFTです。

OpenSeaではNFTを購入する方法が3つあります。

❶カートに追加：Listされている額で即購入ができます。
❷オファーを提示：希望額を提示して交渉形式で購入し

ます。提示額に所有者の同意があった場合のみ購入できます。
❸オークション：オークション形式で購入ができます。オークション期間内に最高額入札をした場合に購入できます。

ここではまず、Buy nowの方法でNFTを購入する例を紹介します。

## 01

購入するNFTの「カートに追加」をクリックしてカートに移動します。

❶コレクション名

コレクション名とそのリンク先が表示されます。

❷クリエイター

クリエイター名とそのリンク先が表示されます。

❸総売上高

コレクションの販売件数が表示されます。

❹合計出来高

コレクションの合計出来高が表示されます。

❺ソーシャルリンク

登録されている場合、接続されているSNSリンクが表示されます。

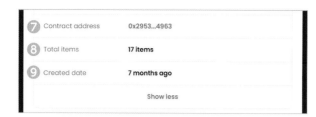

**⑦Contract address**

コントラクトアドレスとは、この中のプログラムが管理・使用するアドレスであり、「送付先」とはまた別の文字列です。

**⑧Total items**

総アイテム数

**⑨Created date**

collectionが作られてからの月日

## 02

メタマスクが立ち上がります。
ガス代を含めた合計額を確認して「確認」をクリックします。

## 03

MetaMaskに署名をして
NFTの購入が完了します。

## 04

所有者youという表示に変わったことを
確認できます。

## 05

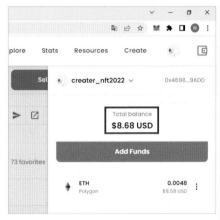

NFTの購入額を差し引いた
残高が、OpenSea上のウ
ォレット、MetaMaskとも
に反映されています。スマ
ートコントラクトによって
購入、販売時にそれぞれ即
時反映されています。

## 06

購入に成功すると、登録され
ているメールに通知が届きま
す。ただし、OpenSeaを装
うスパムメールが送られるこ
ともあり、注意が必要です。

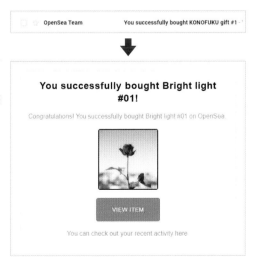

**2-14** NFTを購入する　オファーを提示編

オファーを提示でNFTの作品購入する方法です。

**01**

「オファーを提示」
をクリックします。

**02**

認証済みアカウント（青いチェックマークバッジ）以外から発行された作品やコレクションの場合「このコレクションはレビューが完了していません」という確認画面が表示されます。内容を確認してチェックを入れます。

※アカウント検証の審査基準は以下の通りです。
（Opensea Help Centerより引用）
・販売高が75ETH以上（または同等）のコレクションの所有権
・ユーザー名
・プロフィール写真
・確認済みのメールアドレス
・接続されたTwitterまたはInstagramアカウントまたはアクティブなDiscord接続のあるコレクション

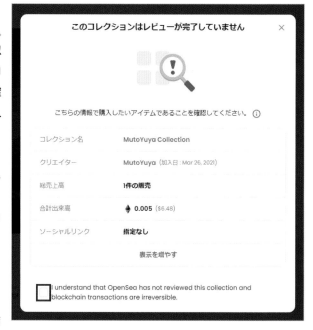

# 03

「オファー金額」と「オファー
の有効期限」を入力して、「オファーを提示」をクリックします。

※オファーの有効期限はプルダ
ウンから選択するか、「カスタム
日付」から任意の日時をせって
いします。

# 04

MetaMaskで署名をしてOfferが完了します。

## 05

Offerをした該当ページのOffers欄で内容を確認できます。キャンセルする場合は、「キャンセル」をクリックします。設定した期間内に所有者がAcceptをしない場合は、自動的にOfferはキャンセルされます。

## 06

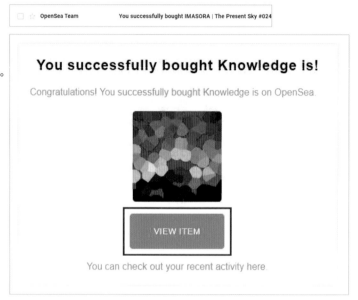

Offerが通ると、Openseaからメール通知が届きます。VIEW ITEMボタンをクリックすると、Openseaの該当する作品を確認できます。

## 07

所有者youに表示が変わることが確認できます。
仮にインターネット上に数多く出回っているデータであったとしても、発行者と所有者を確認できる点で唯一性があります。

# 第 3 章

# NFTの状況と
# ファンを拡げるコツ

# NFTの今ってどんな感じ？

NFTを伝えるニュースでは、イラストや写真の高額な売買が注目されがちです。しかし実際の最新事情はいったいどうなっているのでしょうか。 ここでは「NFT作品はどのように販売されているのか」「NFTを買ったあとはどう活用されるのか」「クリエイターとファンの新しい関係性」などを見ていきます。

## NFTイラストがSNS用のアイコンに使われる理由

NFTに詳しくない人でも、目にする機会がもっとも多いのは、やはりSNS用のアイコンに使われているケースでしょう。NFT作品の活用方法としてもっとも手軽でポピュラーな活用事例です。NFTイラストがSNSアイコンに活用されている理由をここではお伝えします。

### 推しクリエイターへの支援を示せる

SNSなどで、プロフィール画像に設定するためのNFT、またはプロフィール画像（アイコン）そのものをPFP（Profile Picture ※1）と言います。多くの人の目につきやすいTwitterなどのSNSアカウントのプロフ画像。それをNFTイラストに変えれば、推しクリエイターへの貢献度、あるいはそのクリエイターの運営するプロジェクトやコミュニティへの賛同を示せます。

また、その画像がコピーではなく、唯一性を持つ本物のNFTを保持しているアピールになります。

アニメやマンガのキャラクター画像を無許可でダウンロードしてSNS用アイコンに使うケースを少なからず見かけますが、この行為は法的にグレーゾーンです。公式から発行されたNFT画像を使用すれば、SNS用のアイコンとして正々堂々と使えますし、クリエイター支援にも繋がります。

### すでにTwitterやInstagramで使われているPFP

アメリカなど一部の地域で「Twitter Blue（※2）」という、アイコンを手持ちのNFTアート・イラストに変更できる機能が実装されました。アイコンの囲みが従来の丸型ではなく、角の丸い六角形に表示され、それがNFTであるとひと目で分かります。ユーザーは、自分が購入した1点もののNFT作品をアピールできます。

---

※1 PFPの発祥は2017年に作成された「CryptoPunks」です。キャラクター1万個のイラストがNFTで作られました。24×24ピクセルサイズのドット絵からなり、1点だけで数千万円以上の価格で取引されているものも。注目を集めているNFTのひとつです。

※2 「Twitter Blue」はさまざまな機能を利用できるTwitterのサブスクリプションサービスで、その1つに「プロフィール画像をNFTにする機能」があります。ちなみにInstagramでは、NFT作品をInstagramに投稿・シェアできる「デジタルコレクティブ機能」がスタートしました。

## フィジカルとメタバースで使われるファッションNFT

ファッションNFTは大きく分けて、フィジカル（現実世界の物体）とメタバース（仮想現実）の2つで展開されています。それぞれの特徴を見ていきましょう。

**アディダス、ルイヴィトン、グッチも参入**

### ①フィジカルの「ファッションNFT」

フィジカルの**ファッションNFT**の例では、NFTの購入者へ向けた特典としてTシャツやパーカー、アクセサリーなど実生活で着用できるグッズが配布されています。

世界的スポーツブランド「アディダス」は、数量限定のNFT保有者（購入者）がパーカーなどの物理商品を受け取れるコレクションを販売しました。国内では「SPACE CROCOS」が、ファッションに特化したNFTプロジェクトを開始。NFT保有者向けにウェアを配布し、ポップアップショップなどを展開しています。
https://twitter.com/spacecrocos

### ②メタバースの「ファッションNFT」

ゲームやコミュニティの場として使われるメタバース。メタバース内のアバターが着用できるファッションはNFTと親和性が高いのが特徴です。

ルイヴィトンやグッチといった海外のメジャーブランドもメタバース・ファッションのNFTに参入しています。国内ではVARBARIAN（※1）が、「メタバースとリアルの両方で着られるブランド」として展開中です。メタバース・ファッションNFTは、実世界で再現が難しい大胆なデザインの服やアクセサリーを生み出せることから、デザイナーやユーザーの注目を集めています。
https://twitter.com/varbarianNFT

**SPACE CROCOS**
https://twitter.com/spacecrocos

---

※1「VARBARIAN」はオリジナルデザインのメタバースウェアや、クリエイターと共同で制作したアイテムを展開しています。Twitter：@varbarianNFT

SPACE CROCOSはアパレルブランドを展開したいという目的の元、アイコン的キャラクターをNFTにして販売し、その資金を元にアパレルに関する資材の購入やイベントの開催をしています。

## クリエイターとファンが互いに価値を高め合う新しい関係性

NFTはクリエイターとファンの「繋がりを記録」できることから、これまでにない新しい関係性を生みだしています。

NFTは「ファン歴の長さ」や「貢献度合い」を記録できます。例えば初期からクリエイターを長く応援しているコアファンが誰でいつからなのか、記録に残すことも可能です。

ファンが保有するコンテンツやチケット、ファンクラブ会員権などのNFTには記録が残り続けます。クリエイターが成長して初期作品の価値が高まっていけば、初期のNFTを購入したファンが得をし、経済的メリットを得られる可能性も。この構造は、育つ前の株を所有することに似ています。また、所有期間が長いほど特典が得られる「株の配当金」のような仕組みを作ることも可能です。特典を継続的に付与することは、希少価値を高める可能性があります。

オンラインサロンやクラウドファンディングでもクリ

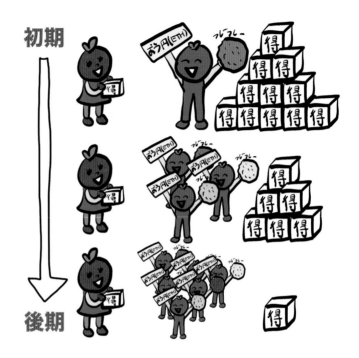

エイター支援は可能ですが、期間限定の一方通行のイベントになりがち。将来の価値を見据えてお互いが得をするように継続的な関係を築けるNFTは革新的です。

## 初期からのファンほど得をする仕組み？

初期段階からクリエイターを支える「アーリーアダプター」は、売り手と消費者の関係を超えたパートナーです。活動初期からともに価値を高め、お互いに喜びを分かち合える関係性は、この上ない醍醐味です。NFTを媒介にすれば、相互の関わり合い方を決めるのにとても効率的です。

作品を所有する他に、クリエイターとファンを繋ぐ一例として下記を購入してもらうことが挙げられます。

・会員券
・チケットクラウドファンディング……プロジェクトの実現時にモノやサービスを受け取れる権利のチケット

クリエイターエコノミー①
クリエイターエコノミーとは、YouTuber、インスタグラマー、アーティスト、ジャーナリストなどの個人による活動の情報発信や活動によって作られる経済圏のことです。

クリエイターエコノミー②
経済産業省は2022年4月に「第7回 産業構造審議会 経済産業政策新機軸部会」を開催。NFTを通じたクリエイターエコノミーの創出に向けた収益配分の活用などが言及されました。

また、「クリエイターとファンを繋ぐ機能」を作品自体に実装させることも運用上は可能です。例えば下記のような特典を付与できます。

- 初期作品を所持している人にホワイトリスト（※1）を配布する
- 作品所有数に応じてコミュニティ内での発言権や、プロジェクト立ち上げ時の決定権（投票権）、あるいはランクを付与する
- 限定コミュニティへの参加権

これらは「ファンの度合いを可視化できる機能」と言い換えることもできます。つまり、所有しているNFTの種類や数によって、ファンの度合いを自分で決められるからです。積極的に推し活動に関わっても、ただ所有しているだけというライトな立場をとってもいいのです。

このように、NFTという仕組みでは特定の所有者と作品が紐づくため、ファンとクリエイターはお互いにより近い存在として認識し合うことができます。

特定のファンが継続して支援すればクリエイターは多くのファンを持つ必要がなくなり、少数の固定ファンがいるだけでもよくなります。世間的に必ずしも有名にならなくても、クリエイターとして活動を続けられます。こうした「濃い」関係性を築くためにNFTはとても有効な媒介です。

また、ファンが卒業する場合も、クリエイターが初期より有名になっていれば、当初の価値よりNFT作品を高く売れる可能性があります。高値で流通されればNFTの価値の高さが証明されることにもなるため、NFTを手放されてもクリエイターにもメリットがあります。こうして、クリエイターとファンがお互いにメリットのある関係性が最後まで続くのです。

## 図：従来のクラウドファンディング・NFT構造の違い

| | 資金調達 | リターン | リターンの内容 | リターン継続性 | 早期支援特典 |
|---|---|---|---|---|---|
| 従来のクラウドファンディング | できる | あり | サンクスメール・物品・参加チケットなど | 多くは1回限り | 募集期間内（1〜2カ月）において早期特典や割引のある場合がある |
| NFTによる資金調達 | できる | ありorなし | サンクスメール・追加のNFT付与・コミュニティ参加券など | 保有し続けることで応援する証にある・二次流通で売却益がある場合がある（応援者にもメリットが発生）・二次流通した場合、企画者へロイヤリティーが入る | 作家・発行元が活動し続ける限り、価値（インセンティブ）が上がり続ける傾向にあるため埋もれていた作家を早い段階で支援するほどメリットを見込める |

※1 NFTのホワイトリストとは、NFTを優先的に購入できるリストのことです。「優先購入権」の意味でも使われます。本販売より前にNFTを購入できるだけでなく、通常より安く買えるといった優遇リストです。

NFT保有者の限定コミュニティは主にDiscordが使われています。Discordは連絡機能としてテキストや音声のチャットチャンネルを複数設置でき、ロール（役割）に応じて入場制限の設定ができます。

# 海外へ広がるNFTの交流コミュニティ

## ●NFTJPN

「NFTJPN」は2021年11月にスタートした、日本のNFTクリエイターの作品を海外に届けるプロジェクトです。月1回のペースで、TwitterとGoogleFormで作品を応募しています。それに対して、国内・海外のコレクターが中心となった審査員が審査を行います。

審査員の推薦票が一定数集まった作品は、NFTJPN公式アカウントより作品が紹介。審査員のコメントがTwitterにて日本語と英語で公開され、海外へ展開されます。

その他、Twitter公式アカウントとDiscordのヘッダーに注目作品を掲載。英語の壁を超える試みとして「クリエイターへの英語サポート」などが行われています。

NFTJPN公式Twitter

https://twitter.com/_NFTJPN_

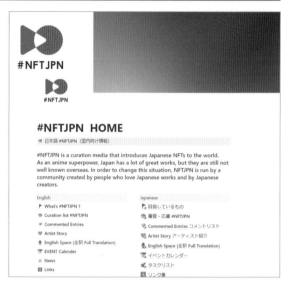

**NFTJPN WEBサイト**
https://www.nftjpn.xyz/

## ●CAWA TOKYO（Crypto Art Week Asia TOKYO）

「CAWA」はシンガポールで誕生したクリプトアート（NFTアート）のフェスティバルです。新しく革命的なテクノロジーを称賛しつつ、クリプトアートのコミュニティをより強固にするのが目的です。フィジカル（現実）会場は、本拠地シンガポールを中心にアジア各地のサテライトで開催されます。一方バーチャル会場は、アジア100カ所以上のメタバースにて開催され、それぞれの会場がリンクで接続されます。

「CAWA TOKYO」はその東京会場版で、フィジカルとバーチャルを融合した「ハイブリッドNFTアート展覧会」が開催。2022年は「DMM麻布サテライトオフィス」と「RED゜TOKYO TOWER」の2会場で催され、パフォーマンス、パーティ、NFTプロジェクトのピッチなどが行われました。

CAWA TOKYO

https://2022.cawa.tokyo/

**Rising birds Japanトークイベント（DMM麻布サテライトオフィス）**
Rising birds Japan公式Twitter
https://twitter.com/risingbirds_xyz

---

NFTJPNの審査は国内・海外のcollectorを中心とするメンバーで構成されていますが、中にはアーティストや多くのプロジェクト立ち上げ経験のある幅広い立場で行われています。審査はグループ分けで行われ毎回ランダムで異なる審査員が対応しています。

CAWA TOKYOのトークイベントは映像や音声をYouTube・Twitterスペースで配信、アーカイブされています。国内・国外アーティストやコレクター・DAO・キーパーソンによる各国のCryptoシーンに関するトークが行われました。

## ●日仏 NFT交流会

2021年末ごろから毎週2～3回、Twitterスペースにて　日本とフランスの作家が交流する「日仏NFT交流会」が開催されています。個人クリエイターの作品紹介から始まり、フィジカルイベントの開催状況や反応、トレンドなどの情報交換を行っています。

現在は、共同運営している「メタバースギャラリー」で定期的に展示会を開催し、作品紹介を行っています。有志の通訳者がいるため、日本語だけでも参加可能です。

**日仏 NFT交流会**
https://twitter.com/FranceJapon_NFT

---

### Column　NFTはプラットフォームに依存しない

NFTは「プラットフォームに依存しない」特性があります。特に未来志向のプラットフォームなら、アカウントを作成（個人情報を登録）する必要がなく、使用に必要なのはMetaMaskアドレスによる接続のみです。

個人情報を特定の企業や組織に預けることなく利用できるため、プラットフォームから情報漏洩するなどのトラブルが極めて少ないことは、既存の個人間サービスと異なる点です。

また、プラットフォームが何らかの事情で停止や中止になったとしても、同じチェーンでの取り扱いがあれば、他のプラットフォームでも同様にNFTの販売や活動が可能です。

例えばイーサリアムのチェーンのNFTはOpenSeaで販売している作品を、他プラットフォームであるTofuNFTでも販売できます。また、どちらのプラットフォームにも同時販売が可能です。

Opensea（NFT作品：Tokyo in 2020をフィルター表示）

tofuNFT（NFT作品：Tokyo in 2020をフィルター表示）

---

OpenseaのようなNFTプラットフォームで作成されるコントラクト（共用コントラクト）と別に、独自コントラクトと称されるものがあります。これは「自分で作成したコントラクト」で特定のNFTマーケットに依存せずとも運用できます。そのため永続性が高く、自らコードを書いて独自の仕様を盛り込むことができます。

# NFTの情報を集める方法

**3-2**

NFT関連の情報はいったいどのように集めたらいいのでしょうか。
ここでは、大手企業のメディアから個人ブログ、Twitter、Discordまで、
それぞれが「何の情報を得るのに向いているのか」、上手く使い分けるコツを見ていきます。

## ①企業が運営する大手メディア

　企業が運営する大手メディアの場合、暗号資産やブロックチェーンの情報の中に、NFTの記事も存在するケースがあります。NFT関連の情報を知るにあたっては、テクノロジーや金融の知識が必要な場合があります。大手メディアは、それらの知識をグローバルな視点で把握するのに向いています。最初は難解でも、次第に慣れるはずです。NFTやブロックチェーン界隈の最新トピックスをざっくりと把握するのに活用しましょう。

**coindesk JAPAN（※2）**
https://www.coindeskjapan.com/

**COINPOST（※1）**
https://coinpost.jp/

**coindesk JAPANのNFTに特化したページ**
https://www.coindeskjapan.com/tag/nft/

**The BLOCK（海外メディア）**
https://www.theblock.co/

---

※1 CoinPostは、幻冬舎「あたらしい経済」と共同で、YouTubeチャンネル「#CONNECTV」を運営しており、わかりやすい言葉で注目のニュースを解説して初心者にも楽しめる内容です。

株式会社CoinPost：代表 各務貴仁　設立2018年2月2日

※2 CoinDesk Japan株式会社：代表 神本 侑季 設立日2019年2月1日

②個人が運営するブログや特化型メディア

　企業が運営する大手メディアと比較すると、個人規模で運営されるブログは「NFTに特化した内容のブログ」が多い、という特徴が挙げられます。ブログの記事をまとめて読めば、NFTに関する凝縮された知識がある程度は身につきます。

　ただし検索エンジンの特性上、「よく読まれているけど古い記事」が検索上位に表示される場合があるため注意が必要です。NFTの情報は更新スピードが速く、検索で見つけた記事はすでに古い情報となっていることも。

　分からない単語や設定方法を調べる場合は、複数のサイトを検索して比較しましょう。もし公式サイトがあれば必ず公式から発信されている情報を確認します。さらに、それが最新情報であるかを確認してください。

個人規模で運営されているブログ・特化型メディアの例：
・Web3 Times（※3）　https://businessman0709.com/
・超NFTブログ「tochiblog」(※4)　https://to-chi.org/

**Web3 Times**
https://businessman0709.com/

※3 Web3 Times：「Web3.0時代へ、誰一人取り残さない」を理念に独自取材を織り交ぜた、初心者に分かりやすい記事で定評があります。(2021年9月スタート 編集長 しょうじ　30代・熊本出身)

※4 超NFTブログ「tochiblog」：全国紙新聞社でスポーツ新聞記者、Webライター、プログラミングなど様々な経歴のあるとちさん。音声プラットフォームVoicyで配信している「NFT放送室「#とちラジオ」」も人気コンテンツ

### ③Twitter

Twitterのタイムラインは、今まさに起こっている出来事を知るのに便利です。国内から海外までのマーケットの近況やクリエイターの活動傾向、メタバースやフィジカルイベントの開催状況などなど。Twitterではこれらをテキストとともに写真や動画で確認できます。さらに、リアルタイムで音声の交流ができるTwitter「スペース」で情報収集やコミュニケーションを図れます。

情報発信しているアカウントや活躍しているクリエイター、プロジェクトなどをフォローすれば、リプライで交流を図れる面白さもあります。

Web3で活躍している方は専業とは限らず、複数のフィールドで活動している方が多くいます。例えば、本職でエンジニアをやりながらNFT関連プロジェクトの立ち上げや取りまとめをする人など、さまざまです。NFTの世界は急にトレンドが変わり、黎明期ならではの動きが見られます。そのため、特定の情報源に頼らずにさまざまな立場の見解を把握することが肝心です。

### NFT情報コレクター

・miinさん https://twitter.com/NftPinuts

### クリエイター

・草野絵美さん https://twitter.com/neokosodate
・おにぎりまんさん https://twitter.com/onigiriman1998

### 国内NFTプロジェクトファウンダー

・Big Hat Monkeyさん https://twitter.com/bighatmonkeys
・ハラペーさん https://twitter.com/harapei2

### エンジニア

・はやっちさん　https://twitter.com/HayattiQ
・socoさん https://twitter.com/soco_art

### 国内NFTマーケットプレイス

・Coincheck(コインチェック) https://twitter.com/coincheckjp

### 海外NFTマーケットプレイス

・OpenSea　https://twitter.com/opensea

**Big Hat Monkeyさん** (※1)
https://twitter.com/bighatmonkeys

**miinさん**
https://twitter.com/NftPinuts

本文で紹介する情報収集以外に、国内NFTの売上ランキングといった、数字によるトレンドを把握できるサイトがあります。
NFTMarketCap.jp　https://nft-marketcap.jp/

※1 Big Hat Monkey　国内最前線で、NFTアートを始め音楽NFTやUtilityトークン、FusionシステムなどNFTの可能性にチャレンジし続けるコミュニティコンセプトを持つNFTプロジェクトです。

④ Discord

Discordとは、参加するのに招待URLが必要な半クローズドのコミュニティ向けチャットツール（SNS）です。サーバーと言われるグループ内にさまざまなテーマや機能、チャンネルを設定できます。テキストチャットのほかに音声チャットを使うことができ、NFT関連情報のアナウンスやミーティングなどにも活用されています。

Twitterは公式のお知らせの発信がメインになる場合が多い一方、Discrod内では公式アナウンス以外に、運営メンバーの動向や参加者のコメント、意見などを各チャンネルで確認できます。

それだけでなくプレゼントの抽選機能が活用されたり、活動状況に応じたロール（役割）やレベルが付与されたりするため、運営側だけでなく参加者も能動的に活動する傾向がDiscordにはあります。

新作発表のお知らせをTwitterより先にDiscordで行うなど、NFTクリエイターはDiscordを「より身内感のある使い方」をする傾向にあります。

また、興味のあるサーバーに入れるだけでなく、自分でサーバーを立てて活用することもできます。

Discordは以下の機能が無料で使えます。

・テキストチャット
・音声通話
・ビデオ通話
・画面共有
・10名以下のオンラインミーティング

Discord有料版の内容は注釈欄にあるとおりです。

**8ships**
https://twitter.com/8shipsNFT

Discord NITRO CLASSIC
・4.99ドル/月　49.99ドル/年
・ユーザー名のタグが変えられる
・動く絵文字、アバター画像が使える
・画面共有が高解像度になる
・共有できるファイスのサイズが大きくなる
・大きなファイルを共有できる

Discord NITRO
9.99ドル/月　99.99ドル/年
・カスタム絵文字やアニメ絵文字の作成や収集ができる
・サーバーブーストが2個もらえる
・30%割引で追加サーバーブーストを購入できる
・HD動画を送ったり、画面共有ができる

# NFTアートの種類

あらゆるデジタルデータは、どれもNFTになり得ます。つまり、デジタルで制作されたイラストや写真、動画、音楽、トレーディングカード、3Dデータ、メタバース関連、グラフィックモーションなど、NFT化が可能です。

ほかにもコミュニティへのアクセス権や会員権、ゲーム内のキャラクター、アイテムなどに幅広くNFTが展開されています。

中でも、色やパーツを少しずつ変化させたNFTアート（イラスト）は1点ずつ、あるいはシリーズ化され販売されています。ここではその事例を紹介します。

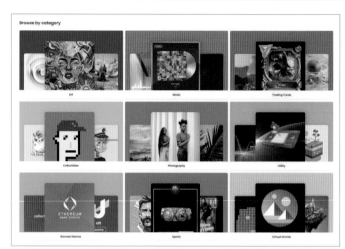

**OpenSeaのカテゴリー例**
アート・Art / 音楽・Music / トレーディングカード・Trading Cards／コレクティブル・Collectbles / 写真・Photography / ユティリティ・Utility
ドメイン名・Domain Names / スポーツ・Sports / バーチャルワールド・Virtual worlds

## One by One（一枚絵・1点もの）

One by Oneは、1点のNFT作品のみが販売されているパターンです。「一枚絵・1点もの」とも言われています。ゴッホやピカソのような有名な画家が一枚絵で描いた絵画に近いイメージです。作品に込められた技術やメッセージ性、表現を価値と考えるため、フィジカルのアート作品と似た価値を持たれているNFTだと言えます。

クリエイターの知名度が高いほど、また、技術が盛り込まれているほど価値が高まる傾向にあります。フィジカルの絵画は作家の知名度が信頼の担保、あるいは

取り扱いギャラリーの発行する証明書（certificate）が本物かどうか、真贋を証明します。NFTで展開されている作品の場合は、どこに紐づきどこが発行したのかをNFT自体が証明する役割をもっています。

**One by Oneの特徴**

・数量：1点　もしくは数点

・価格：高値が付きやすい

・販売のタイミング：1点ずつ販売される

・その他：既存のアート作品と似た価値観

---

One by Oneアートの場合は国や地域、ブロックチェーンによってマーケットの傾向が異なります。日本は「女の子キャラクター」「作りこんだイラスト」「オリジナルキャラクター」の割合が多い傾向です。

NFTはブロックチェーンごとに、マーケットのさまざまな傾向が見られます。例えばOpenSeaに次ぐ取引量で、ブロックチェーン「Solana」基盤のNFTマーケット「Magic Eden（マジックエデン）」。ここを始め複数のNFTマーケットを見ると、NFTアートの多様性を理解できます。

## PFP（Profile Picture）

　明確な定義はないものの、一般的に「SNS用のプロフィール（アイコン）に使いやすいデザインのイラスト」がPFPと呼ばれます。アイコンとして映えるデザインや、親しみやすい図柄が好まれる傾向です。また、すべてのキャラクターが右向きか左向きかなど、シリーズの統一感を意識して制作される傾向にあります。

　NFTアイコンは、所属するコミュニティのアピールにもなります。そのため、例えば環境保護活動を重視したコミュニティのプロジェクトへ参加する場合は、そのイメージが伝わりやすい画像をチョイスする——など、自分の態度の表明に使える要素がPFPにはあります。

　SNSのプロフィール画像に使う場合は、画像の枠が極端に縦長や横長よりも、正方形のほうが使いやすいです。

### PFPの特徴

・数量：10点〜（サムネイル一覧の形式で、複数で展開されることが多い）
・価格：One by Oneより安価
・その他：好みのキャラクターを選べ、コミュニティへの所属感
・一体感を得られる

### Board Animal
https://opensea.io/collection/board-animal-2nd

　「Board Animal（※1）」は板状に描かれた動物キャラのPFPイラストのNFTです。「ユーモア」と「自分らしさ」をテーマに、和の衣装を来たキャラやスポーツの衣装を着ているユニコーン、探偵などのコスプレを楽しんでいる子も。(公式Webサイトより)

........................................................................................................

※1 Board Animalは、ほかのクリエイターとコラボする「BA Stories」、浮世絵とキャラをミックスさせた「BA Ukiyoe」などの派生作品を生んでいます。
https://opensea.io/collection/ba-stories
https://opensea.io/collection/ba-ukiyoe

発行数と価格について：初期の販売価格は基本的に自由に設定できますが、その後の2次流通市場での売買は、マーケットに委ねられます。市場価格は一般的に需要と供給のバランスで決定され、多く販売されると安価になり、少なく販売されると高値になる傾向があります。

コレクティブNFT

　「コレクティブNFT」は、集収を目的とし、フィジカルにおける野球やアイドルのトレーディングカード集収に近いイメージです。

　NFTは、物理的なトレーディングカードのように汚れや色あせなどの保存性を考慮する必要がありません。また、NFTによって発行元を確認できるため、カードの真贋は明確です。しかし偽モノのコレクションが出回ることもあり、購入時は要注意です。

　1次流通で販売時に0.005ETHと比較的安価で販売されることがあります。中には無料で販売されるフリーミント（ガス代のみで、NFTの価格は無料）も。

　コレクティブNFTに明確な定義はないものの、PFPと類似点が多くあります。プロフィール画像に使い勝手のよさそうなキャラクターデザインや、作品イメージの統一された世界観などはまさにPFPと似ています。そのため区別するために、コレクションの作品数が比較的多

いものをコレクティブNFTに区分することも。

　複数のアイテムをコレクションするとレア度が増す、コミュニティ内でランクが上がるなど、ゲーム的な要素が加えられているコレクティブNFTもあります。

　コミュニティは「作家のファンによるコミュニティ」のほかに「コレクティブNFT自体のファンによるコミュニティ」があります。DiscordなどでコレクティブNFTの保有者限定のテキストチャット発言権や投票権を設定している場合も。また、限定グッズやウェアを保有者に配布したり、環境保全やアイドル・アニメのプロジェクト支援など、活動目的を明示しているものもあります。

コレクティブNFTの特徴

・数量：多数（約100〜数万点）

・価格：1次流通の販売時は安価なものが多い

・その他：プロパティ（特徴量）やレアリティ（貴重度）によって2次流通の価格が上下する場合がある

SPACE CROCOS（※1）

※1「SPACE CROCOS」は3つ目のワニをアイコンキャラに、コレクティブNFTとグッズ販売を掛け合わせたプロジェクトです。発起人の本業はアパレル制作。その知見を活かしてデジタルとフィジカルの懸け橋としてクリエイターエコノミーの実現をめざしています。

フリーミントの1次流通の売り出し価格は0円ですが、ロイヤリティー設定により、2次流通販売で収益が発生します。多くの場合、専用のMintサイトで制作されます。

## コレクティブNFTの例①：NBA Top Shot

「NBA Top Shot」は、アメリカのプロバスケットボールリーグ（NBA）の選手のシュートやドリブルのシーンなど、NBAの試合のハイライト動画をデジタルカードとして所有できます。ベースのブロックチェーンはFlowが使用されています。NBATopShotへの登録時にウォレットは自動生成され、NFTはクレジットカードで購入可能です。

NBA Top Shot

https://nbatopshot.com/

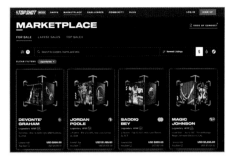

**NBA Top Shot**
ブロックチェーン：Flow（フロウ）
2020年10月
運営会社：Dapper Labs

## コレクティブNFTの例②：MetaaniGEN

「Metaani（メタアニ）GEN」はメタバースで利用かつ商用利用が可能な1万体の3Dアバタープロジェクトです。当NFTの保有者は、専用サイトからVRMデータ（※1）をダウンロードをして、独自メタバースの「Metaani land」や「cluster」などで使用できます。同一デザインのアバターは存在しないのが特徴でネコ、イヌ、コアラ、シカ、ウサギのボディがベースになっています。

2021年6月に誕生した3DアバターNFTの「Metaani」は、日本発のコレクティブNFTプロジェクトをめざし、ポップアップショップの出展や音楽イベントの開催、NFT保有者へのグッズ配布など、独自の活動を行っています。日本財団「子ども第三の居場所」とのコラボでは、子どもたちのアート作品をNFT化。収益の寄付を行いました。アーティストのきゃりーぱみゅぱみゅとのコラボの一環で、世界最大級の音楽フェス「コーチェラ・フェスティバル」に共演するなど、IP（※2）系NFTは既存のアーティストとの新たな可能性を生み出しています。

・プロジェクト開始：2021年

・運営：Conata World

・個数：10,000体

・販売価格：0.15 ETH

**MetaaniGEN**
https://opensea.io/ja/collection/metaanigen

**MetaaniGEN公式Webサイト**
https://conata.world/metaani/gen

**Metaani公式Twitter**
https://twitter.com/metaani2

※1 VRMデータとは、VRアプリケーション向けの3Dモデルデータを扱うためのファイルフォーマットです。従来の3Dデータはサービスによってフォーマットが異なっていましたが、VRMは株式会社ドワンゴが2018年4月に発表し、以降オープンソースとして公開されています。

※2 IPとは、「知的財産」を意味するIntellectual Propertyの略語です。クリエイターが生み出したキャラクターやコンテンツなどの創作物を主に指します。IP系NFTは多くの業界から注目されていることもあり、既存アーティストや団体とコラボレーションが急増しました。

### ジェネラティブNFT（Generative NFT）

「ジェネラティブNFT」は、いくつかのパーツをプログラムによって組み合わせ、自動生成するNFTです。パーツは例えばイラストの顔の輪郭・髪型・目・鼻・口・アイテム・背景などがあります。それぞれ複数の種類から組み合わされて自動生成されるため、数百〜数万点と作品点数の多さが特徴です。

パーツの組み合わせをランダムにすることで希少な作品が生まれます。そのレア度・希少性度合いを「レアリティ」と言い、ランキングやパーセンテージで表示されます。

かつては「Rarity Sniper」や「rarity.tools」などのWebサービスでレアリティを確認していました。2022年9月15日に「OpenRarity」がリリースされ、OpenSeaでもレアリティを確認できるように。ただし、それぞれのサービスでレアリティの基準が統一され

ていないため、スコアは一致していない場合があります。

ジェネラティブNFTのように多くのNFTを販売するプロジェクトでは、販売専用のミントサイト（Minting Site）」を用意する傾向があります。その販売サイトとMetaMaskを繋ぎ、MintしたNFT作品はOpenSeaなどのNFTマーケットプレイスで確認できます。

フィジカルの現代アート「ジェネラティブアート」は、ソフトウェアのアルゴリズム（計算式）や数学的プログラムなどを利用し、偶然性を組み込んだアート作品です。これのNFT版を「ジェネラティブアートNFT」と言い「ジェネラティブNFT」とは生成方法が違います。しかし混同されがちですが、同じ意味で使われる場合もあります。

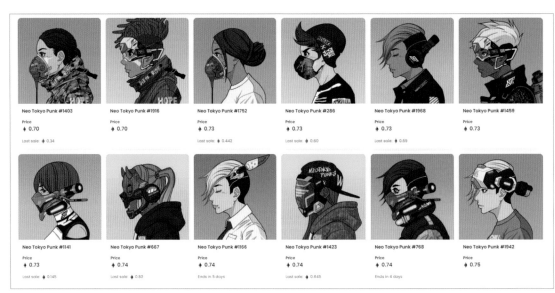

Neo Tokyo Punks NFT（※1）founder：NIKO-24
https://opensea.io/ja/collection/neo-tokyo-punks-nft

※1 Neo Tokyo Punks NFTは2022年3月26日にプレセール（0.03ETH）、27日にパブリック（一般向け）セール（0.05ETH）を実施。制作過程をDiscord内で公開することで、販売前から一緒に作る・応援するプロジェクトとして注目されました。注目度の高いプロジェクトは、Botと呼ばれるプログラムによって一斉に買い占められてしまうことがあります。それを防ぐため優待・先行販売としてプレセールが行われるケースが増えています。

## 3-4 作品のステートメントを準備する

作品やプロジェクトの中には、ステートメントやロードマップを掲げているものがあります。NFTアートにおけるステートメントとは「作品やプロジェクトの説明」「姿勢の表明」です。ロードマップは「計画」です。

### ステートメント

ステートメントをより具体的に言うと、作品やプロジェクトを通じてやりたいことや伝えたいことがあり、それを言葉にして表明をすることです。作品の説明書と捉えることもできます。ステートメントはコンテンツの世界観を伝え、「こんな人に知ってほしい」「活用してほしい」というメッセージであるとともに、プロジェクトや自身のアーティストの意志やポジション、態度を明確にする手段にもなります。

NFTアートは、描写の技術力、つまり画力を売りにする場合と、制作の背景や理由を含んだ表現を絵柄を通じて売りにする場合があります。

「画力を売りにする」場合、同じような作風やカテゴリ、似ている描写、テクニックの作品との違いは何なのか？それを言葉で説明し、差別化を図る必要があります。説明によって、その他大勢に埋もれてしまうのを防ぐだけでなく作品のオリジナリティを強めることになります。

一方「絵柄を通じて制作の背景を売りにする」場合は、制作の背景にあるストーリーを伝えることが重要です。Description欄やSNSを意識して使ったり、場合によっては専用のWebサイト、ブログなどを用意して、メッセージを伝えます。

ただしステートメントは必ず用意しなくてはいけないものではありません。用意しない方が自由に解釈してもらえるとの意図から、ステートメントをあえて載せていない作品もあります。

---

ステートメントには大きく2つあります。「アーティストステートメント」と「作品ステートメント」です。前者は、アーティストの自己紹介と制作目的。後者は、作品についての説明です。

作品ステートメントは一般的に「約150〜250語ほどのシンプルで短い文章であること」「初めて知った人でも深く理解できるようになるきっかけとなること」「作品にどのような想いが込められているのかを理解できるようにすること」とされています。

## 作品ステートメントを示すメリット

　ステートメントの表明を通じて独自の世界観を示し、「違い」を言葉で伝えられることは作品表現の一環であり、大きな武器になります。なぜならステートメントは、多くのクリエイティブの中で「似たような作品」として一括りにされずに済む方法の1つになるからです。

　ステートメントに込められた制作意図やメッセージを通じて「共感の輪」を生むことで、作品を保有するコレクター同士の繋がりやコミュニティを形成するきっかけにもなります。

　硬い印象の言葉を使えば「真面目で切実に取り組んでいる態度」を伝えられ、口語を交えれば「カジュアルな印象を持ってもらえる」かもしれません。ここではステートメントの例を見ていきましょう。

**ステートメントの例：人形劇「へるなへぶん」の場合：**

　2020年2月よりはじまった人形劇「へるなへぶん」は、同年4月の投稿を最後に更新がとまっています。理由はリアルに制作費不足でした。とまっていた2年のあいだ、関係者やファンのみなさまより、再始動を願うメッセージをたくさんいただきました。

　そして2022年、ついに制作スタッフらは、再始動を決意しました。制作費がないことにはかわりがないため、クラウドファウンディングの形をとらせていただきます。これはつまり、「つぎはとまることはゆるされない」という戒めでもあります。どうぞみなさま、末永くご支援ください。

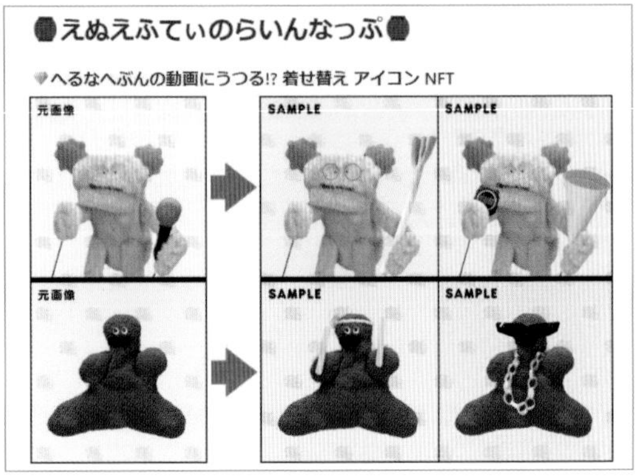

人形劇「へるなへぶん」
https://twitter.com/hellnaheaven

**【へるなへぶんNFTの考え方】**

　へるなへぶんのNFTは、株式会社的な発想で発行されています。会社（＝へるなへぶん）の売り上げ（＝人気）をあげ、株（＝NFT）の価値をあげていくということです。

　創設メンバー（＝出演者、制作スタッフ）には、初期NFTを発行しています。メンバーは、えっさほいさとがんばってコンテンツを成長させ、このNFTの価値をあげていきます。

　スポンサーのみなさまは、購入いただいたNFTによって透明性たかくコンテンツの価値を知ることができるのです。

引用元：「人形劇へるなへぶん」https://hellnaheaven.notion.site/dc308952f480460487846dec060405c1

（原文ママ）

---

写真集『質量への憧憬』を発表した落合陽一は、作品ステートメントで「500年間持つと言われているプラチナプリント（白金印画技法）とNFTはどちらが長く保存されるのだろうか？」と問いかけました。表象・表現を見ただけではメッセージが伝わりにくいような作品に、ステートメントは欠かせません。アート作品は本来、見た人の感性で感じるがままに解釈していいものかもしれません。しかし、見た人が制作の背景を知り納得すると価値を感じてくれる場合もあるため、ステートメントはあった方がいいのかもしれません。

## ロードマップについて

**3-5**

**ロードマップ**

　ロードマップとは、プロジェクトや作品の未来の計画、見通しのことです。混同されがちな「ステートメント」との違いは、「これからどんなことをしていきたいのか」について、未来の計画を具体的に示す点です。

例：

・作品を毎月10点制作します。100点を制作した時点でプロジェクトを完結します

・私はこの作品を販売し、その収益でiPadを買います

・〇〇に取材へ行き、その報告会をします

**Tokyo in 2020（武藤 裕也）**
https://mutoyuya.com/road-map

　ロードマップを示すメリットは、「どのような計画性を持っているプロジェクトのか」「どれほど実現性が高いのか」などの観点から、プロジェクトの永続性・継続性を伝えられる点です。ファンが作品を購入する際の動機付けや支援行動に繋がるため、とても重要な要素です。

　NFTは途中で作品の更新が止まってしまえば価値が下がることも多い反面、止まらなければプロジェクトの価値も続くことが多いため、コレクターは「継続性が見込める」ことを重視します。

　ロードマップを示すこと自体が「継続性が見込める」とみなされ、ロードマップを示すことがクリエイター活動のステートメントにもなります。

　しかし、ロードマップを示すことによって活動領域が

縛られてしまう懸念がある場合は、示さなくてもいいでしょう。

**ロードマップのメリット**

　ロードマップを立てるメリットの1つに、「プロジェクト進行のモチベーション維持に役立つ」点が挙げられます。プロジェクトの進行が思うように進まないなど、制作活動の途中でクリエイターに不安が生じた際に立ち戻る活動指針となり得ます。ロードマップで目標を再確認すれば奮起にも繋がるでしょう。

　ロードマップに照らし合わせることで、現在の立ち位置やプロジェクトの達成具合を確認できます。プロジェクトの進行具合によっては、ロードマップの内容そのものを見直してもいいでしょう。

---

　ロードマップは上記の通り「プロジェクトや作品の目標を明確にすること」が主目的ですが、必ずしも具体的な詳細まで掲げる必要はありません。大まかであっても計画を立てることで、進行スケジュールを決めやすくなり

ます。また、ロードマップはNFT作品の購入予備群や保有者と、制作過程や達成状況などを共有する「コミュニケーションツール」にもなります。一緒に作り上げていく一体感を醸成するきっかけになるかもしれません。

## 3-6 初出品するNFTの価格はどうする？

### 初めて値付けするときは長期的に考える

最初の価格設定は特に悩ましいものです。プライシング（値付け）は制作者にその意図がなくても、作品の表現の一部とみなされます。例えば、「もしかしたら最初の値付けが高すぎたのではないか？」と最初の値段を下げると、作品の購入者からネガティブなイメージを持たれる可能性があります。

購入者からすると、作品を購入後に値下げ販売されると、そのプロジェクトの計画は失敗だったメッセージとして感じ取ってしまうからです。こうした理由から、基本的には一度値付けした価格は値下げしないのが原則です。すでに販売実績のある作品であればなおさら、作品の価値を高めていくことが歓迎されます。値付けは作家の都合だけではなく保有者とともにあることを念頭に置きます。また、値付けを含めて作品だと捉えられる側面も考慮しましょう。

最初は「安いかな」と感じるくらいの価格で始められるケースが多いでしょう。実際にラーメン屋さんやコーヒーショップが新規オープンするときは、1杯100円といった破格のイベントを開催して長蛇の列を目にすることがあります。この取り組みは収益性を度外視して宣伝目的のキャンペーンを行っている意味合いが強いので

す。まずは知ってもらうこと。そして、賑わっていることを来店者に印象付けられます。それだけでなく人が楽しんでいる姿を見ると、周辺の人は興味をそそられるといった効果もあります。NFT作品の初値付けも考え方は同じです。アーリーアダプター（初期採用者）への優遇を考慮しつつ、反応を掴むまでは目標価格より少し安い値付けをするのがスタンダードな手法です。

#### KONOFUKU V1

幸運を運んでくれる梟「KONOFUKU」。日本円換算で2,000～3,000円を中心に販売を続けているプロジェクト例です。

KONOFUKUは「福をみなさんにお届けしたい」をコンセプトに毎日1体ずつのプレゼント（トランスファー）をスタート。継続するにつれオファーが寄せられるようになり、販売へと繋がりました。価値を下げないために、記念KONOFUKUを除き限定数100となったプロジェクトです。当初は活動資金を集めることが目的ではなかったものの、結果的に資金が集まったプロジェクトは少なくありません。

KONOFUKU #132
0.090 ETH
最終販売：0.015 ETH

KONOFUKU #106
0.100 ETH
最終販売：0.015 ETH

KONOFUKU #112
0.150 ETH
最終販売：0.015 ETH

KONOFUKU #128
0.150 ETH
最終販売：0.015 ETH

KONOFUKU #98
0.150 ETH
最終販売：0.010 ETH

**KONOFUKU V1** https://opensea.io/collection/konofuku

# NFTの販売数はどうする？

NFTの販売数は市場での希少性を左右します。また、販売数をどう決めるかは作品のジャンルや形式、ステートメントやロードマップによっても異なります。値付けと同様に販売数の決定もとても大事で、悩む要素が多いものです。

販売数の決定が大事な理由は、購入してくれた保有者と一緒に市場価値を共有し、高め合える要素が販売数には含まれているためです。クリエイターだけの都合では決められないことをまずは自覚しましょう。

例えばモナリザのような有名な絵画は世の中に1点しかないため、その希少性が「一生に一度は見てみたい」という動機付けになります。仮に100点、1,000点、1万点と存在したとしたら、同じ動機が生まれるでしょうか。一方で、写真集や作品集のような複製できる製品でも、限定数（エディション）を設定し限定販売することで、プレミア価格が結果的に付いているケースもあります。このように、希少性は価値を左右する要素なのです。

複数を販売にする場合は、なぜその数量なのか理由をステートメントなどで示すと、プロジェクトの世界観の構築や安心感にも繋がります。そもそもNFTはデジタルデータに唯一性（オリジナル）を持たせる技術のため、作者と紐づいていることそのものが価値を担保しています。また、チケットのような会員権機能を持たせた作品であれば、複数販売されていても不自然ではありません。

NFTの技術を考慮すると、基本的には1作品につき発行数は1つが基本です。しかしより多くの方に作品を所持してもらいたい、認知を広げたい、コミュニティの幅を広げたい、などの意図があれば、あえて多くを販売する方法もあります。

コレクションの販売を開始するにあたり、最初の目標は「完売」にすることが少なくありません。それをクリアして次の目標を設定する場合の多くは、「2次流通が行われること」を目標にしています。

| | 販売数 | 特徴 |
|---|---|---|
| One by One | 1点 | 個別の価値は高まりやすい |
| コレクティブ | 多数 | 価値と共に流動性が注目される |
| コミュニティ機能のあるNFT | 多数 | 従来のチケットと異なり、使い切り型でない。不要になったら2次流通で販売できる |

NFTに限らず、物やサービスの価格は需要と供給のバランスで決まります。1点しか存在しないものを複数の人が欲しがれば、価格は上がります。一方、欲しい人の数より供給量が多いと売れ残るため、価格は下がります。

NFTアートの販売目的はさまざまにあります。作品を販売をして活動費に充てるほか、NFTを通じて誰かと繋がったりコミュニケーションのツールとして活用している作家は少なくありません。NFTを通じて「何をしたいか」によって、価格を定めていく考え方もあります。

# Twitterとブログで宣伝しよう

いい作品を作っても、いい反応をもらえたりすぐに売れたりするとは限りません。デジタル作品も現実世界の商品やアートも、知られなければ世の中に存在しないのは同じです。もちろんいい作品ならば、上手く宣伝することで多くの人に届く確率が高まり、自ずと売れる作品になっていきます。ただし、いい作品を作れる人が同時に宣伝も上手いとは限りません。そのため宣伝の仕方は、クリエイターの多くがつまずく部分でもあります。

## 1. Twitterで宣伝する

SNSを使ってNFT作品を宣伝する場合、やはりTwitterがメジャーです。ほかにもSNSはありますが、Facebookは拡散先が知り合いに限定され、InstagramはビジュアルのPRに強みがある反面、テキストを組み合わせた伝達にはあまり向きません。Twitterは、ビジュアルとテキストで宣伝・拡散したいときのバランスが絶妙です。そのためTwitterは、宣伝に限らず情報交換の場の中心地になっています。

Twitterで投稿を行う際は、140文字の以内のテキスト（ツイート）に合わせて、画像と動画で作品の魅力をPRします。NFT専用のTwitterアカウントを新設するかどうかは迷いどころですが、既存で持っているアカウントのフォロワー数が多い場合は、それを生かすのも戦略の一つです。既存のアカウントとNFTで展開したい領域が大きく異なる場合は、NFT専用アカウントを新たに開設するのもいいでしょう。ただし、複数のアカウントを運用する手間や時間的リソースなどを考慮する必要があります。

また、NFTは海外と接続しやすい特性があるため、日本語圏なのか英語圏なのかを展開したいターゲットを決め、英語圏に向けての発信であれば当然、英語で発信をします。この場合も、英語圏向け発信用の新規アカウントを検討をします。

一夜／ichiya.eth@書道NFT ARTIST
https://twitter.com/ichiyaduke23

## 2. note・ブログで宣伝をする

　Noteやブログでは、経歴・自己紹介・作品のあふれるストーリーなどの思いの丈を書き綴りましょう。

　作家紹介や制作コンセプトのほかに、作品の絵柄以外のサブビジュアルで世界観の広さをPRできるし、必要に応じて作品データ（ファイル形式・ファイルサイズなど）やブロックチェーンの情報（Token Standard・Contract Address）まで掲載できます。

　自己紹介やNFTアートに対する考え方、姿勢が表れているブログは、不思議と作品も魅力的に感じるものです。

　Twitterはフロー型と言ってテキストが読み流されてしまうことも多く、また1投稿の文字数は140文字以内という制約があります。その中に情報を集約できる場合は強いPRのフィールドとなりますが、収められない場合はブログが適しているでしょう。

**yukino ¦ YKNST**
https://twitter.com/yknst_nfthinker

**About ASTROGRAPHIA**
https://mirror.xyz/0x566494B0Af5186E0e840dA62Edf88d0101D17133

**GORO ISHIHATA**
https://twitter.com/goroishihata

**俺がnoteを始めたわけ**
https://note.com/goroishihata/n/n5b284b05c4b0

制作アプローチの方法は主に2通りあります。
①プロダクトアウト：クリエイターが作りたいと思っているものや計画、考えを優先して制作と販売を行う考え方。
②マーケットイン：世の中で何が売れているのか？　人々のニーズを優先して、市場が望むものや売れるものを作って販売をする考え方です。絵柄ひとつとってでも、国内と海外のNFTマーケットで好まれる傾向が異なります。マーケットインで制作をする場合、国内と海外の絵柄の傾向だけでなく、NFTをどのように活用をしているのか捉えることからスタートしましょう。

### Instagramで宣伝する

　海外のクリエイターの多くはTwitterとInstagramを並行してPR活動を行っています。国内のNFT系クリエイターでInstagramを有効に使っている人はまだまだ少数のため、上手く活用すれば武器にできるチャンスがあります。また、国内はスマホユーザーが多いのも特徴です。

　2022年5月に試験運用したデジタルコレクティブ機能は、8月から日本でも使えるようになり、Instagramの投稿にNFTの紐づけが可能になりました。Instagramのフィード上や、ストーリーズなどでNFT作品の閲覧やシェアができます。

　さらに2022年11月にInstagramは、NFTの作成と売買機能を搭載すると発表しました。投稿や閲覧だけでなくMint機能まで実装をされることで、NFTの新規ユーザーに触れる機会が増えるかもしれません。

**Yoshioka**
https://twitter.com/_yoshioka___

**yoshioka.eth**
https://www.instagram.com/yoshioka.eth/

### YouTubeで宣伝する

　制作時間がかかるデメリットはありますが、YouTubeや動画なら独自の魅力を発揮できます。解説動画など、「流れ」を伝えたい場合は、動画が向いています。実際に、NFTに参入したきっかけが「NFT関連のYouTubeを観て」という方も少なくありません。ただ、いざYouTubeを始めるとなると、収録用カメラや音声機材を揃え、編集ソフトを使いこなす必要があるのでは？と、個人規模では始めにくいイメージがあるかもしれません。しかし実際はスマホで収録と編集、公開まで行っているクリエイターも活躍しています。

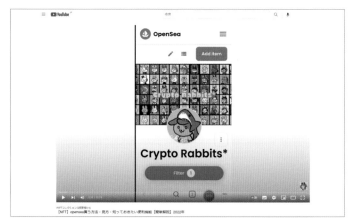

**Crypto Rabbits ICHIGO クリラビ**
https://twitter.com/ICHIGO_NFT
**Bitcoin・NFT 【分析雑談いちごch】**
https://www.youtube.com/@ICHIGObtc

2022年11月現在、Instagramが対応しているチェーンはイーサリアム、Polygon、Flowの3種類のブロックチェーンです。そして新たにSolanaチェーンにも対応すると発表されました。

YouTubeは2022年1月に、NFTなどの新たなテクノロジーをYouTubeの動画コンテンツクリエイターが活用できるようにする取り組みの方針を発表しました。

## メタバースで宣伝する

メタバースとは、インターネット上にある3次元の仮想空間です。そこでは音声やテキストチャットのほかに、アクションや表情など「エモーション」と呼ばれる非言語コミュニケーションを行えます。イベントにはアバターで参加するため参加への心理的ハードルが低く、気軽に交流を深めやすい点が特徴です。

Webの交流やZoomなどと比較して、メタバースではより動的な表情やコンテンツを通じて交流でき、また、大型モニターを使ったプレゼンテーションを行えるのが特徴です。メタバースに興味があるもののなかなか接する機会がない方に対しても、新鮮な体験を提供でき、印象に残る宣伝ができるかもしれません。

**icon**
https://twitter.com/icon_chnnel
**icon CONTEMPORARY PHOTOGRAPHY主催のトークイベント（Spatial)**
https://www.spatial.io/s/icon-Contemporary-Photography-62ebcb4606d5040001db60cc

| | 初期費用 | 特徴 |
|---|---|---|
| **cluster** | 無料（アプリ内課金） | PC、スマホ、VR対応。気軽にバーチャル体験ができる |
| **Spatial** | 無料版・有料版あり | アバターを実際の自分の顔にできる |
| **The Sandbox** | 無料（NFTの土地を購入できる） | 他ユーザーとチャットや会話ができるほかSAND（暗号資産）で土地を購入し、ゲームの構築などができる。（α版） |
| **Decentraland** | 無料（NFTの土地を購入できる） | MANA（暗号資産）でゲームやイベントに参加したり、アイテムを購入できる |
| **Cryptovoxels** | 無料（NFTの土地を購入できる） | アバターの設定、テキストチャットやボイスチャットで交流できる。ブロック状の立方体（ボクセル）を積み上げて比較的簡単に空間制作ができる |

NFTをリンクできるメタバース内では、唯一性を持つ土地の売買ができるほか、アイテムやアバターを制作して販売できるものもあります。また他のメタバースにアイテムNFTを持ち出して相互利用できる仕組みづくりが検討中です。メタバースは医療、行政、企業などさまざまな分野での活用が期待されています。将来はメタバースならではのアーティストや新たな職業が生まれる可能性も。VR技術の進化と並行した発展が見込まれています。

# Twitterを使った7つの拡散方法

ここではTwitterを活用した効果的な拡散方法を紹介します。

## （1）投稿に画像やムービーを付ける

Twitterの場合、テキストのみの投稿は注目されずに流されがちです。画像を添付して投稿するだけでも効果的なのはもちろん、装飾文字を付けたり、看板のようにデザインした画像を用意すると目に止まりやすく、なお効果的です。

画像が表示される比率に注意しながら、複数の画像を添付する際には見せたい画像が見切れず表示されること、またはトリミングされても問題ない配置を意識します。もっと力を入れたい投稿は、宣伝用のgifやアニメーション、ムービーも検討しましょう。

Yoshioka
https://twitter.com/_yoshioka___

## （2）Giveawayを行う

Giveawayとは、投稿者が指定したツイートをRT（リツイート）、いいね！ あるいはアカウントをフォローしてもらうことを条件に、抽選でNFTアートを参加者にプレゼントするイベントです。

リツイートされることで拡散され、認知度が高まる効果を狙います。知名度の低い活動初期や新コレクションの認知拡大に有効です。しかし乱発すると作品が供給過多になり、クリエイターやコレクションの価値を下げることにも。そのため限定的かつ計画的に行って、リーチの拡大をめざすのがいいでしょう。

NFT GIVEAWAY
Mai Kano
https://twitter.com/mai_sketch

そもそもTwitterでどのような投稿をしたらいいのか分からないという場合は、朝に「gm」から始めましょう。gmとはWeb3界隈のスラングでGood Morning（おはよう）のことです。「gm」とツイートをすることでWeb3やcrypto、NFTに興味がある意思表示にもなります。

GiveawayでNFTを配布することは販売につなげる目的以外に、関係者を広げたり関心のある人を計る材料にもなります。Twitterに実装をされているツイートアナリティクスの数字の変化を各投稿で比べることで宣伝と市場調整を同時に行うことができます。

## （3）Twitterスペースを活用

　Twitterスペースで作品をPRしたら、それがきっかけで認知・販売に繋がった例が多数あります。テキストや画像の投稿と並行して、肉声でPRを行うことは、リスナーに覚えてもらえる有効な手段です。Twitterスペースは話すのが得意な方に向いていると思われるかもしれませんが、苦手でほとんど利用しない方がまれに発言者となると「レア回」として盛り上がることもあります。

　Twitterスペースはスケジュールを設定すれば、開催日時を予告できます。予告でスペースの内容やトピックを伝えられるし、ゲストスピーカーがいればそれも惹きになるため、予告そのものを宣伝として使えます。

**Twitterスペース**
**mera takeru**
https://twitter.com/mera_takeru

## （4）コミュニケーション

　自分の投稿に対して、コメントや引用RTをしてくれた方には、何かレスポンス（反応）を返すことを心がけましょう。活動動向が気になる方や応援したい方の投稿には、コメント残すなどして積極的に絡みます。コメントする時間がない場合は「いいね」を付けるだけでも効果的です。いいねを繰り返すうちに覚えてもらったり、単純接触効果により好感度や親近感が高まります。フィジカルの人間関係と同じで、数多く話す相手とは仲良くなれるものです。

　また、誰かのツイートにリプライ（返信）するとタイムラインで一緒に載る場合があり、自分のアカウントを見てくれる人が増える可能性も覚えておきましょう。

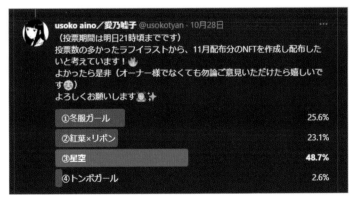

**Twitterアンケート**
**usoko aino／愛乃嘘子**
https://twitter.com/usokotyan

Twitterスペースを海外向けに発信したい場合、英語で行います。また、NFTの宣伝・PRをしているスペースに参加して発言するのもいいでしょう。宣伝をネットスラングでShillと言いますが、中にはSilent Shilling といって音声を使わずPRしたいURLだけ貼り付けるスペースもあります。

単純接触効果を狙ってよく使われる宣伝手法はテレビCMです。繰り返し流れるCMを目にするたびに、誰しも無意識のうちにその商品を好きになるという効果です。熟知性の原則とも言われます。

## （5）NFT宣伝枠を活用

　コレクターや投資家、クリエイターが、自身の投稿へのリプライ欄を #NFT宣伝枠 として開放している場合があります。作品の宣伝投稿を歓迎してくれていますので、ぜひ活用してみましょう。

・毎日投稿すること＆RT で認知がUP

・単独作品、コレクション全体、どちらの宣伝もOK

・投稿されたNFTで気になるものがあれば購入します

　上記のような内容が多いので、見かけたらコメント欄へ積極的に投稿していきましょう。有名インフルエンサーさんがある方のNFT宣伝枠を見つけて購入したことがきっかけで、注目を集めた例もあります。

NFT宣伝枠
Aoyokoあおよこ
https://twitter.com/Aoyoko_NFT

## （6）ファンアート・アーティストコラボを企画する

　日本ではファンアート（二次創作）を承認しているNFTクリエイターが多いです。影響力のある方や、繋がりを持ちたいクリエイターの作品のファンアートを積極的に制作して、交流と認知を高めていきます。また、興味あるプロジェクトやクリエイターに直接連絡をとってコラボレーション作品を制作・発表することで普段のリーチが広がる可能性があります。相手のクリエイターさんから知ってもらえることにも繋がり、Twitterでリツイートしてくれる可能性も高く、双方にとって宣伝効果が高まります。

※「二次創作」は、英語の「ファンアート」を和訳した言葉だとされています。

BA Stories
様々なキャラクターとコラボレーションをしてストーリーを展開
https://opensea.io/collection/ba-stories

Aoyokoあおよこ¦
https://twitter.com/Aoyoko_NFT

#NFT宣伝枠 のリプライ欄にコメントをすることで、元ツイートの方と親しくなるきっかけになるだけでなく、多くのアカウントに見てもらうきっかけになります。交流したいけど何から始めたらよいか分からないという場合は特に #NFT宣伝枠 を活用します。

二次創作はそもそもNG行為です。著作権のある作品やキャラクターを許可なく使うことはできません。二次創作OKと明言をしている作家・作品に限り、キャラクターや創作に対して敬意を持って使わせてもらいましょう。

## （7）参加型イベントを作る

　キャラクターや特徴的なアイテムなどを使ってコラボレーションを呼びかけたり、クイズに参加すると参加賞としてNFTを配るといった呼びかけをします。さらに参加賞で得たNFTの保有数によって、特典NFTやメタバースで使えるウェアラブルNFTを配布するといったように、継続的なイベント参加の提案をします。NFT界隈は積極的に楽しもうとするクリエイターが多いので、アイテムを提示すれば自分たちで作って楽しむ、競い合う、イベントを盛り上げていく、などの傾向があります。

【クイズ】
Cute Pigs NFTの新作ラフをお見せします。このブタさんの職業は何でしょう？正解された先着3名様にブタの「真珠NFT」をプレゼントします。

ブタの真珠NFT 保有数に応じて特典を付与
**Cute Pigs NFT**
https://twitter.com/cutepigsnft

Cute Pigs 1周年記念プレゼント
メタバース（Decentraland）で着ることのできるウェアラブルNFTを条件付きで全員にプレゼント

**ハラペー　NFT**
https://twitter.com/harapei2

・・・・・・・・・・・・・・・・・・・・・・・・・・・・・・・・・・・・・・・・・・・・・・・・・・・・・・・・・・・・・・

イベント参加賞としてのNFTは2022年に入って様々なイベントで見かけるようになりました。中にはウォレットを持っていない場合でもアドレスが自動生成されNFTを受け取れるサービスがあります。

参加型イベントの例を挙げると、クイズや大喜利イベントの開催、フィジカル・メタバースの展示会、次回作の要望ヒアリング、ホワイトリストの配布、ブログやメディア、Twitterスペースの宣伝枠の権利付与など、さまざまです。

# ファンを作る9つの宣伝方法

NFTの醍醐味のひとつは、制作者とファンが一緒にNFT作品の価値を高められることです。日常生活においても、スターバックスのようなファンの多いコーヒーショップは、ファンが季節の新作を待ち望んでいて、誰に頼まれるでもなくSNSに投稿・拡散します。それを見つけた公式アカウントがお礼のコメントを投稿することで、「商品」がコミュニケーションツールへと機能を拡張させます。

コーヒーショップの場合は、店舗とSNSとで活動領域が異なります。ところがNFTは活動の大部分がWeb上で行われるため、購入から交流までの一連の流れがスムーズです。また、物理的な距離に関係なく利用できるため、短時間で交流頻度を重ねられる場合もあります。

コミュニケーションを重ねることで、表に出ていなかった制作秘話に触れられたり、作品とはまた別軸の交流が行われ自然とコミュニティが形成されていくこともあります。このような盛り上がりから新たな購入者を呼び、作品の販売に繋がることは少なくありません。

NFTの購入者＝ファンです。その熱量を高め、継続していくことで売買高が加速します。コミュニケーションの様子がSNSのタイムラインに流れることで、まだ未経験層の購買に繋がります。

（1）コミュニティを作って宣伝をする

コミュニティは主にオープン型とクローズ型の2パターンあります。誰の目にも触れることのできる、もっともメジャーなオープン型コミュニティはTwitterです。一方、購入者のみ限定して入れるようなクローズ型コミュニティは、Twitterの「グループDM」や「コミュニティ機能」、またはDiscordなどを使います。

さらにコミュニティは別の2つの分類パターンがあります。

1つは作家が自らコミュニティの場を作るパターンです。SNS投稿のような形式を採るオープンのものと、Discordを使ってより親密感を高められる場を使い分けるといいでしょう。DiscordではNFT保有者限定のチャンネルを作るなど、さらに特別感を設定している場合もあります。

もう1つは、ファンがコミュニティを作るパターンです。公式・非公式を含め、ファンが自らDiscordでコミュニティを作ります。もともと作家が運営しているDiscordに、経験者のファンが運営のメインメンバーとして加わることもあります。

作家自ら立ち上げたDiscordにファンが運営として加わり拡大した例
**ごじゃ会（ブドウちゃん）**
https://discord.gg/XXpMEKuFsq

Twitterコミュニティは当初コミュニティーを作成できるユーザーが限定されていましたが、2022年3月末に制作できるユーザーが拡大しました。Twitterコミュニティーはテーマやトピックごとに作成できます。

Twitterコミュニティーは、誰でも参加できる公開コミュニティと、制限付きの招待制コミュニティの2つがあります。招待制コミュニティであっても、コミュニティを開けば参加していない人もツイートを見ることができることに注意をします。

後者は、作家が自ら営業活動をしなくてもファンが自ら商品を見てくれる状態になり、さらにありがたいことに、自発的に宣伝活動を行ってくれます。制作者が自らプロジェクトの宣伝をするのと、ファンによるクチコミの宣伝は、質やリーチの経路が異なります。そのため、営業活動の観点では2つのパターンでコミュニティを形成し、宣伝できる状態は理想形ではないでしょうか。

いずれにしてもコミュニティ形成は地道な活動の先にあるものです。作品を大事に作り上げることと同じくらい、コミュニティ形成についてリソースを費やす必要があるかも知れません。

## （2）制作秘話を見せる

制作の過程、クリエイティブのプロセスを見せ、作品の裏側にかけた労力や時間、想いを共有してもらうことで、興味を持ってもらえる場合があります。また、制作の裏側を見せることでライバル作品と差別化ができます。もちろん、作品に魅力があることは前提です。

製作過程の例は、イラストを描画する行程のタイムラプスやフィジカルで使っている材料、制作環境などが挙げられます。作家にとって舞台裏は日常であり、特別感は無いかもしれませんが、いかに作品ができ上がっていくのか、第三者からみると俄然、興味深いものになります。

完成前の製作過程をPRする際は、ハッシュタグなどで #WIP（Work In Progress ※1）を使います。完成の日を心待ちにしているファンの期待に応えるメッセージにもなります。

オト●●OTO
https://twitter.com/otograf_jp

---

AIで描かれた完成度の高いアートと差別化を図るためにクリエイターが使える武器の1つとして「制作過程を見せること」が挙げられます。AIアートが発展すればするほどに、完成された作品の裏側に隠された価値に興味が向けられるかもしれません。

※1 イラストの場合の#WIP は、タイムラプスや制作途中の下絵などが使われるケースが多いです。その他にTwitterスペースなどでのライブ配信や動画の収録といった制作環境そのものが表現手段の1つになり得ます。

### （3）SNS用アイコンを設定する

SNS用アイコンに自分の作品を設定すれば、自ずとファンの目に触れる頻度が高まり、PR効果が生まれます。SNS用アイコンはクリエイターアカウントのシンボルであり、当然ながら自分の作品を設定するのが基本です。

注目してほしい作品をSNS用アイコンに設定し、それを見た購入者がSNS用アイコンに設定する。その流れが連鎖していく可能性もあります。

NFT作品がSNSのアイコン向けではない場合、購入者限定でSNSアイコン用の画像データを送るといいでしょう。それがNFTで発行した画像であればより喜ばれます。購入者は、購入した作品をSNS用アイコンにすれば、共感や応援のメッセージを示せます。イベントやコンサートでファンがお揃いのTシャツを着るように、視覚的に仲間意識を感じられます。まさに一目瞭然。ただし、購入したNFTをSNS用アイコンに設定するのが原則です。許可なくダウンロード画像を使用することはトラブルの原因になります。

**Samurai Monkeys 成人式←ベイビーモンキー進化！！**

このスペースでは17件のツイートが共有されています

SNSアイコンをプロジェクトのキャラクターにしたアカウントがTwitterスペースに集まった。
**Big Hat Monkey**
https://twitter.com/BigHatMonkeys

### （4）クリエイター同士で応援や成功をシェアしあう

自分の作品をPRするだけでなく、他のクリエイターの活躍を応援しましょう。応援を続けることで、逆に応援を返してもらえるなど、相手からポジティブな反応がくるかもしれません。他のクリエイターが新作を発表した時や作品が売れた時などに、ポジティブなコメントやシェア（リツイート）されると素直に嬉しいものです。

NFTの活動を行うクリエイターは自分の宣伝しかしない傾向が強く、その行動は他のクリエイターから見られていて避けられる要因になります。他のクリエイターのコミュニティであっても積極的に貢献することで、自分にとってもいい反応が返ってきやすいです。他のクリエイターを褒める行為は基本的に歓迎されると覚えておきましょう。

大きな資本を持った企業が次々とNFT市場に参入する環境の中で個人の活動が埋もれないようにするには、作品力を磨くとともにクリエイター同士のコミュニティが横につながること、それを大事にすることがとても重要です。クリエイターの個性をかけ合わせて、相乗効果を期待してNFTを宣伝していきましょう。

**ささみちゃん**
https://twitter.com/sasami_chan05/

NFTでSNS用アイコンを設定する制作者にとってのメリットは次の2点が挙げられます。
①制作者と保有者で価値観を共有できる
②NFTのコミュニティの存在を視覚的に認知される

応援しているNFTの作家やプロジェクトがあれば、一時的にでもそのアイコンへ変更することをおすすめします。その行為自体が応援メッセージになると同時に、第3者へ向けた宣伝にもなるからです。特定のアイコンをタイムライン上に何度も見かける状況は、人気度の指標と捉えることもできます。

## （5）購入者特典を付ける

　購入者特典を付けてNFTを販売する場合があります。特典の一例を次に挙げます。

・購入特典として、保有者に毎月、スマホ待ち受け画面用NFTがトランスファー（送る）される

・次回作のホワイトリスト（優先購入権）が付与される

・オリジナルTシャツや小物、プリントされた額装作品などのグッズがもらえる

　このような特典による特別感が作品の価値を高め、新規購買やリピート購入の意欲を高める効果が期待できます。

保有者に毎月スマホ用壁紙がトランスファーされる
**present&Other_ainousoko**
https://opensea.io/collection/present-ainousoko

**usoko aino／愛乃嘘子**
https://twitter.com/usokotyan

## （6）定期的にTwitterスペースを開催する

　毎日でも毎週でも、決まった日時にTwitterスペースを開催することで、リスナーの生活の一部として定着。ファン化を促進し、「コミュニティに参加している実感」を提供できます。発信という点では、不定期にスキマ時間で開催するのもいいですが、リスナーに習慣化を促す意味では、定期的に開催するとより効果的です。

　日々投稿されるテキストや画像、動画コンテンツに加えて、たとえ同じ内容でもTwitterスペースを通じた「肉声」で伝えることで活動に立体感が生まれます。また、参加者との会話では思わぬ脱線が生まれ、その脱線こそが作家の魅力に感じられることが少なくありません。

**Twitterスペースの番組表**
https://twitter.com/waraigoe_NFT/status/1510824786095919104
**わらいごえ**
https://twitter.com/waraigoe_NFT

デジタルアート作品以外にNFTが付与される権利や機能を「ユーティリティ」と言います。例えば、限定コミュニティへの参加権、メタバースで使えるアイテムの付与、プロジェクトの投票権・提案権などさまざまです。

デジタルアートの保有者特典として、専用サイトで着せ替えや絵柄を変化させたり、静的なキャラクターに動作を付けたりしている例もあります。

# 3-11 活動をフィジカルと連携する

国内では2021年年末から、NFT作品がフィジカルのギャラリーやイベント会場で展示される機会が増えました。NFTを通じて繋がったコレクターやコミュニティの仲間が、フィジカルの個展やグループ展で交流機する新しい機会になっています。

またNFTはデジタルデータのため、海外であっても会場の場所や時間を超えての展示が可能です。フィジカルでも垣根なく世界中に作品を届けるられるというわけです。作品そのものを現物化するといった、ユニークな製作アプローチもあります。

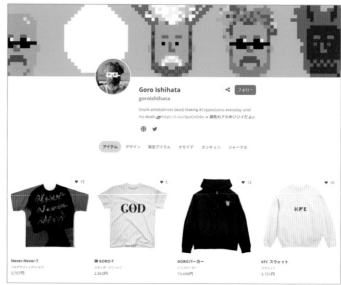

**オリジナルグッズ販売**
**Goro Ishihata（SUZURI）**
https://suzuri.jp/goroishihata

**Goro Ishihata**
https://twitter.com/goroishihata

## 展示会に参加する・企画をする

SNSで普段からやり取りしてってお互いの活動を知っているのに、実際に会うのは初めて――こんな新鮮な体験を楽しんでいる風景を見かけます。作品展示はデジタルサイネージやPCモニターに作品を表示させたり、プリントアウトして額装をしたものを壁に掲げたりなど、展示方法はさまざまです。親しくなったメンバー同士でレンタルスペースやギャラリーを借りて、合同展示を行うなどの取り組みを数多くみられるようになりました。出会う人脈そのものや動向の把握、制作アイデアを得る、モチベーション向上などの機会になっています。

CAWA TOKYO 2022（会場：DMM 麻布サテライト）

---

デジタルサイネージを使った展示と従来型の額装されたアート展示を比べた場合に異なる特徴があります。例えば、デジタルサイネージ1台に複数の作品を時間差で表示をさせたり、日替わりで表示をさせて作品が変わったり、などが挙げられます。展示会場は作品鑑賞の場であると同時に、作品展示をする作家や来場者同士の交流の場です。名刺交換やSNSの相互フォローが行われ、ネットワーキングの機会にもなっています。

### トークイベントに参加する

　トークイベントはNFT関連で活躍しているさまざまな立場の方々──クリエイター、WEB3起業家、技術開発者、マーケット運営者、ベンチャーキャピタルなどと、業界の話を立体的に聞ける機会です。

　他で聞けない話や制作のヒントを得られる機会になるかもしれません。直接質問でき、アフタートーク（懇親会）に参加できるなどスピーカーと参加者ともに刺激的な機会になるでしょう。イベント企画の際は、イベントの参加者に記念NFTやPOAPを配布すると喜ばれます。

　POAP（Proof of Attendance Protocol　※1）は、フィジカルやメタバースのイベントに参加した証として発行される「参加証バッジ」です。バッジの種類や個数によって特典が付与されるなど、会員スタンプのようにお得意様を優遇し、繋がりを継続できる効果があります。

**NFT CROSSING**
トークゲスト：mera takeru・Satoshi Miyachi・Muto Yuya
司会：速水惟広
72gallery（中央区京橋3-6-6 エクスアートビル）

### 音声コンテンツで展示やイベントの実況をする

　Twitterスペース、stand.fm（スタンドエフエム）などの音声SNSを使って、ラジオ番組のようなコンテンツを自由に配信できるようになりました。決まった時間に配信を行うほか、展示やイベントのリアルタイム実況をすることで臨場感を伝えることができます。

　あらかじめ録音した音声を時間設定して配信する方法のほか、録音のアーカイブは残さずその場限りの配信とすることで、リアルタイムでしか聴けないコンテンツとして注目を集めたり、リスナーの質問に答えたり、話をしたりできます。テキストでは伝わりづらい内容も、音声でのやり取りなら細やかなニュアンスまで届けられるメリットもあります。

8ShipsのTwitterスペース
毎週日曜日9：00から海外のNFT情報が届けられる

**8ships LA / Japan**
https://twitter.com/8shipsNFT

---

※1 POAPはイーサリアムと互換性のある、低コストのxDaiサイドチェーンで発行されているため無料で発行ができます。POAPは、参加者が1点のみ受け取れる仕組みに加え、参加していない人がPOAPを受け取れない仕組みを作る必要があります。

POAPはxDaiサイドチェーンで発行されているため、そのままではOpenSeaで表示されない点は注意が必要です。ガス代のみでPOAPをxDaiからイーサリアムに移行することもできます。
https://poap.xyz

# クリエイターインタビュー① **AOYOKO さん**

**クリエイター名** AOYOKO　　**NFT活動歴** 2021 年 9 月 28 日より開始

**代表作品** Board Animal（板状の不思議な動物たちのイラスト）

板状の平べったい動物たちのイラストで知られるアーティスト。

## ■なぜ売れたのか？

参入時期のタイミングの良さがあったと思います。当時インフルエンサーさんの音声配信番組でNFTについて話されていたのを聞き、この流れにいち早く乗るべきだとすぐに行動を開始。ちょうどNFTバブルとも言える時期で作品が売れやすいタイミングでした。

## ■なぜ平べったいキャラになったのか？

もともとは平べったくなかったキャラクターを描いていましたが、海外のヒット商品をリサーチする中で生まれたアイデアを展開し、オリジナリティを持たせました。

## ■値段の付け方

値段は当初0.01ETH。徐々に上げていきましたが、毎回、即完売のため「買いたいのに買えない！」という多数の意見を鑑みてオファー制（※）に変更。すると値段が10倍まで上昇したものの、高値という印象から認知が限定的になることを懸念し、再度検討の結果、値段を下げる判断をしました。

（※）オファー最高値　0.1ETH。作家の判断で値付けして販売するのではなく、欲しい人が買いたい値段をオファーする方式

## ■値段を下げてからまた上げていった理由

一旦価格を下げる判断をしてから、また徐々に上げていきました（※）。その理由は、ホルダーの視点で考えた際に、作品価値を感じられつつ二次流通もしやすいバランスを大事にしたいという思いです。

※その後、販売価格は0.05ETH前後に落ち着いたそうです。

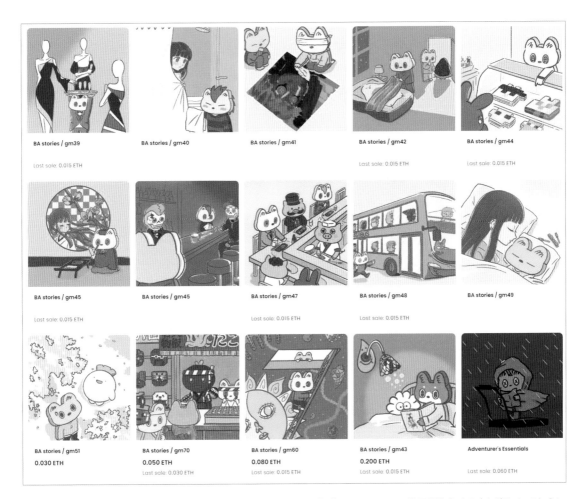

BA stories / gm39

Last sale: 0.015 ETH

BA stories / gm40

BA stories / gm41

BA stories / gm42

Last sale: 0.015 ETH

BA stories / gm44

Last sale: 0.015 ETH

BA stories / gm45

Last sale: 0.015 ETH

BA stories / gm45

BA stories / gm47

Last sale: 0.015 ETH

BA stories / gm48

Last sale: 0.015 ETH

BA stories / gm49

BA stories / gm51

0.030 ETH

BA stories / gm70

0.050 ETH

Last sale: 0.030 ETH

BA stories / gm60

0.080 ETH

Last sale: 0.015 ETH

BA stories / gm43

0.200 ETH

Last sale: 0.015 ETH

Adventurer's Essentials

Last sale: 0.060 ETH

■ファーストコレクションは50体

　コレクションの全体感を伝えるため、ベーシックとなる作品は50体と決めて制作しています。不思議なボードアニマル達の生態を伝えるために静止画以外にGIF動画にした作品もあります。

■これがAOYOKO流

　他のクリエイターさんと自身のボードアニマルキャラクターとのコラボ作品を、毎日おはようツイートとして紹介しています。

○ボードアニマルの世界観を多くの人に楽しんでもらいたい

○参加してくれたクリエイターさんの宣伝にもなる

○アイデアは尽きない！

■まとめ

　つねに買い手の視点に立ち、楽しませようという姿勢が、エンゲージメントを高め、認知に広がり現在に至ります。

## クリエイターインタビュー② しまエナガ さん

**クリエイター名** しまエナガ    **NFT活動歴** 2021年10月後半より開始

**代表作品** 日本神話NFTシリーズ

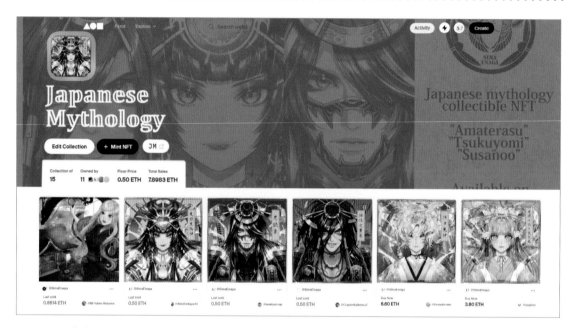

元コナミデジタルエンタテインメント株式会社キャラクターデザイナー。日本のプロのイラストレーター兼漫画家。

### ■イラストレーターとしての経歴

子供の頃から周りの大人に心配されるほど、絵が好きで熱中し続けていました。絵を学ぶ学校を受験するため、必須試験科目のデッサンを中学生の頃から学びました。努力の甲斐あって美術大学への受験に合格。美大卒業後はゲーム会社に就職し、イラスト業の道へ進みました。ゲーム会社で絵の仕事を務めながら、同人誌活動も行い趣味で漫画を描いていました。

### ■なぜNFTをはじめたのか？

イラストレーターのさいとうなおき先生のNFT作品のディスクプリションに衝撃を受けたことがきっかけです。もともと、さいとう先生のファンでYouTubeのイラスト講座の動画を数年前から見ていました。

そのさいとう先生がある日、NFTマーケットプレイス「Foundation」でNFT作品を出品されました。

そのとき、先生のオリジナルキャラクター「Kちゃん」を描いた作品のディスクプリションに書かれていたメッセージに非常に感銘を受けたのです。そこには「イラストレーターの人たちが低価格で仕事を受けざるを得ない現状を打破するために、このNFTをつくりました」と書かれていました。

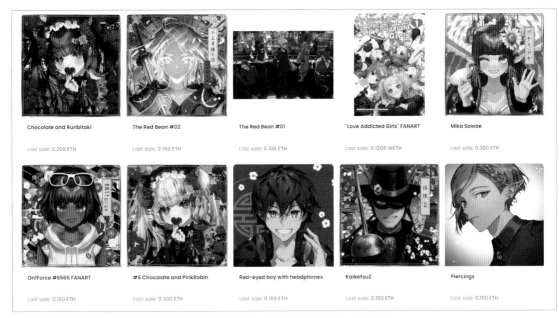

Chocolate and Ruribitaki

Last sale: 0.200 ETH

The Red Bean #02

Last sale: 0.150 ETH

The Red Bean #01

Last sale: 0.100 ETH

"Love Addicted Girls" FANART

Last sale: 0.1208 WETH

Mika Sawae

Last sale: 0.200 ETH

On1Force #6565 FANART

Last sale: 0.150 ETH

#5 Chocolate and PinkRobin

Last sale: 0.300 ETH

Red-eyed boy with headphones

Last sale: 0.169 ETH

KaiketsuZ

Last sale: 0.100 ETH

Piercings

Last sale: 0.100 ETH

その時期は今以上にNFT界隈への参入を疑問視する空気感もあり、一部で批判めいた声も目立つ中、自身の態度の表明として作品を発表されたさいとう先生の姿勢に多大な勇気をいただきました。それがNFTで作品を発表するようになったきっかけです。

■試行錯誤

NFT の活動を開始したのは2021年10月の後半。9月から作品制作をし始め、その1カ月後くらいに出品をスタートしました。既存の漫画連載やイラストの仕事をしながらのNFT活動です。最初はOpenSeaの使い方に試行錯誤しながらも、未発表の過去作品から出品を始めました。

■NFT作品

1つの作品の制作時間は、早くて1週間、書き込みが多いものは2週間ほど時間をかけています。これまでのキャリアで培ったノウハウを生かしながら、自己流に工夫を凝らして作品制作に励んでいます。

■苦労した点

ロードマップを作った方がいいという情報を耳にして、見様見真似で作成しました。ロードマップは時に縛りになる可能性もありますが、計画通りに完走ができたのは楽しかったです。制作の指針として相性がよかったと感じています。

■制作や販売で心がけていること

購入者としての視点を重視しています。お客さまはとてもシビアな目で作品購入を検討していると思います。作品のクオリティー以前に、信用に足る人間であることが大切だと思っています。購入ボタンを押す時の不安感をできるだけ拭いたいという思いがあります。

■信用を得るために

Twitterのスペースでスピーカーになって、コミュニケーションを拡げていくのも大事だと思います。過去の経歴を公にしたり、販売報告をすることなども実績を知ってもらうという点で大事だと思っています。ある意味、作品のクオリティを上げていくこともまた、信用を得る手段と言えるのかもしれません。

## クリエイターインタビュー③　Satoshi Miyachi さん

**クリエイター名** Satoshi Miyachi ............ **NFT活動歴** 2021 年 9 月 28 日より開始

**代表作品** AnonymousMan ......................

AnonymousMan#176
0.180 ETH
Last sale: 0.180 ETH

AnonymousMan#271
0.180 ETH

AnonymousMan#288
0.180 ETH
Last sale: 0.180 ETH

AnonymousMan#324
0.180 ETH
Last sale: 0.180 ETH

AnonymousMan#346
0.180 ETH
Last sale: 0.180 ETH

AnonymousMan#48

AnonymousMan#69

AnonymousMan#125

AnonymousMan#141

AnonymousMan#186

AnonymousMan#250
0.250 ETH

AnonymousMan#244
0.220 ETH

AnonymousMan#267
0.240 ETH

AnonymousMan#266
0.230 ETH

AnonymousMan#316
0.240 ETH

AnonymousMan#278

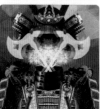
AnonymousMan#295

AnonymousMan#315

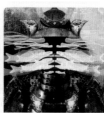
AnonymousMan#254

AnonymousMan#281

CELLSPACE（セルスペース）、anonymous manなど、人気コレクションを毎日コツコツと制作。

### ■CELLSPACE（セルスペース）
#### 約100万円の作品が完売
　2021年7月31日 より大手NFTマーケットプレイスRarible（ラリブル）で、セルスペースを通常のオークション形式で販売しました。CELLSPACE（セルスペース）はNFTの特性を生かして、デジタル空間に自然増殖する世界初の建築作品です。また、2019年からNFT界に参入し日本のNFTパイオニアのメラタケルさんにCELLSPACEは購入されました。

### ■Web 3時代のアイコンを求めた
### 「AnonymousMan」。
　もうひとつの代表作「AnonymousMan」。Anonymousの意味は 「匿名」。デザイン性が高く、アーティスティックなコラージュ作品の、大きな特徴は顔が無いことです。遠目に見ると顔があるようにも見える不思議な作品「AnonymousMan」は、Web3時代に向けたメッセージが込められています。

　NFT界隈の交流は99％がTwitterを中心に行われています。朝のGM（グットモーニング）の挨拶も、TwitterやDiscord内のテキストベース。Twitterスペース、メタバースの会話で交流を深める相手は、一度も会ったことがない場合が多く、むしろ会ったことのあるほうが珍しいです。「その中であるべきアートの形を考えたときに、目に見えない繋がりで言葉や文字だけで会話をして成立する。それが故にどこまで進んでも人物像がぼんやりしている」という考えをクリエイションに落とし込んだ作品が「AnonymousMan」

　顔は見せたくないが個性を出したい、TwitterのPFPにアイデンティティを投影したいという需要を見出し、服や背景に違いを反映し、匿名でありながら個性を出す

ことを狙った作品です。

### ■売れない時期が続いた「AnonymousMan」
　2021年9月にローンチして暫く売れない時期が続きました。フィジカルのイベントに参加したり露出の機会を増やしたり、値段を下げるなど試行錯誤の日々。なかなか実績に繋がらないながらもめげずに作品を発表し続けました。

　何百もの海外コレクターに向けてDMを送り、宣伝を続けるもほとんど成果が感じられず、それでもいつかチャンスが来るかもしれない、『"いいね"されるか"ブロック"されるかのどちらか！』という意気込みで継続しました。そんな中、住谷杏奈さん（ファッションディレクター、タレント）・Benit0さん（CLONE Xの創業メンバー）の目に止まりました。彼らの影響力もあり「AnonymousMan」は注目を集め、一気に人気コレクションへと成長していきました。

### ■オノ・ヨーコ
　オノ・ヨーコ さんがアーティストとしてまだ売れていない頃に、新聞社や広報宛に電話をし、一度断られてもなお手紙を送っていたというエピソードがあります。それを知ったときに、数千人のクリエイターが活動するNFTアートの世界で、無名の自分が広報をせずにアートの力だけで知ってもらうのは難しいと判断しました。宣伝活動に力を入れることを嫌がる人もいると思うのですが、NFTという枠組みの中で作品を知ってもらうためには、コミュニティの中で自分のポジションを確立することは非常に重要です。あの有名な"オノ・ヨーコ"さんですらそんな努力をしていたのだと知り、そこからどんどん発信をしていこうと決意しました。

# クリエイターインタビュー④　ブドウちゃん

**クリエイター名** ブドウちゃん　　**NFT活動歴** 2021 年 12 月より開始

**代表作品** MetaSmile（メタスマイル）、GlucoseMan（グルコースマン）

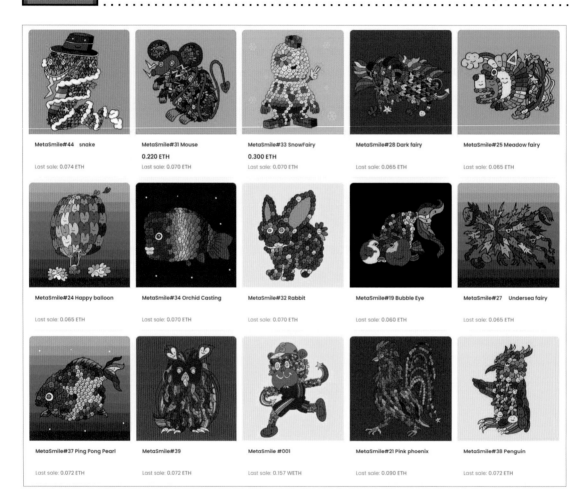

| | | | | |
|---|---|---|---|---|
| MetaSmile#44　snake | MetaSmile#31 Mouse 0.220 ETH | MetaSmile#33 SnowFairy 0.300 ETH | MetaSmile#28 Dark fairy | MetaSmile#25 Meadow fairy |
| Last sale: 0.074 ETH | Last sale: 0.070 ETH | Last sale: 0.070 ETH | Last sale: 0.065 ETH | Last sale: 0.065 ETH |
| MetaSmile#24 Happy balloon | MetaSmile#34 Orchid Casting | MetaSmile#32 Rabbit | MetaSmile#19 Bubble Eye | MetaSmile#27　Undersea fairy |
| Last sale: 0.065 ETH | Last sale: 0.070 ETH | Last sale: 0.070 ETH | Last sale: 0.060 ETH | Last sale: 0.065 ETH |
| MetaSmile#37 Ping Pong Pearl | MetaSmile#39 | MetaSmile #001 | MetaSmile#21 Pink phoenix | MetaSmile#38 Penguin |
| Last sale: 0.072 ETH | Last sale: 0.072 ETH | Last sale: 0.157 WETH | Last sale: 0.090 ETH | Last sale: 0.072 ETH |

元お笑い芸人のイラストレーター。本人のブログは166万PV（月間平均）を誇る。

■異色の経歴

かつてお笑い芸人を目指しお笑いの本場、大阪へ。しかし挫折して地元に帰るも仕事が続かず、その後パチプ

口になりましたが、時代の変化とともに勝てなくなりました。ならばと幼少から描いていた絵を生業とするべく再スタート。10年かけて1万人の似顔絵企画を達成するも、収入はほぼ0。どん底になった時、お笑い時代の先輩に勧められ始めたブログが奇跡的に166万PV（月間平均）を持つ地域情報サイトに発展。SNSの総フォロ

ワー数10万人という影響力を誇る一方で、マネタイズに繋がることはなかったところに、NFTと出会いました。

情報集収量と実践の場数、毎日の試行錯誤の繰り返しでかつては成果を出せていたパチプロ時代。その頃の小さな成功体験がNFTにも通するものがある、自分にも絶対できる！ と確信して活動をスタート。改めて絵を描くきっかけと、新たなモチベーションを得ました。

### ■売れたきっかけ

これまでに描いたイラスト作品をNFTとして出品し、当初はなかなか売れず地道な活動を続けていました。ある時「ごじゃうままん」を名乗っていた時代の自身の画像が突発的なNFTミーム（バズリネタ）として拡散。従来SNSではマイノリティ的存在である "おじさん "でありながら注目を集めるとともに、1万人の似顔絵を描いた結果として生まれた作品の意味を周りの人たちが伝えくれるようになり、過去作品・新作ともに即完売するまでになりました。

### ■自分のためだけでなく、みんなのために

音声配信アプリでは、NFT界隈で活動するクリエイターにインタビューする番組を継続中。Twitter スペースでは複数の番組で共同ホストを務めるなど、自身のPRのみならずNFT全体を盛り上げていく発信を精力的に行なっています。

### ■キャラクターを生かした活動とNFTの可能性の模索

今後は自身のイラスト作品の発表に加え、長く継続して開催しているレゲエイベントのチケット販売にNFTを活用するなど、デジタルとフィジカルを繋ぎ、これまでのキャリアで築いてきたキャラクターとコミュニティを繋ぎ、垣根なく展開していく展望を持っています。

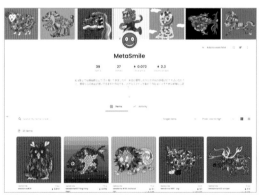

MetaSmile

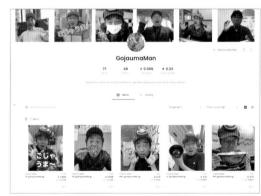

GlucoseMan

| クリエイター名 | Airbits | NFT活動歴 | 2021 年 12 月より開始 |

| 代表作品 | Airbits |

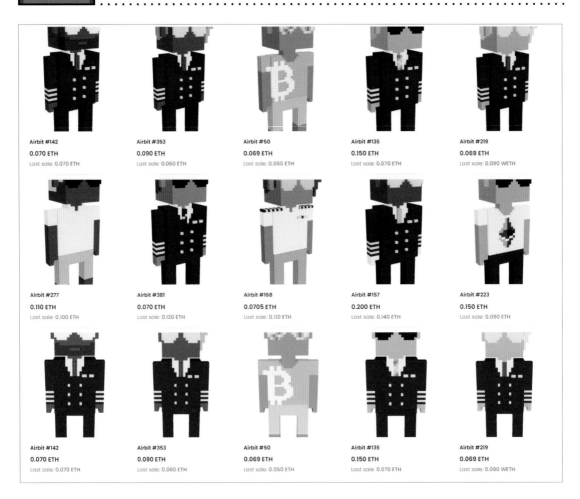

NFT界に突如現れた、パイロットの壮大な夢をのせたプロジェクト。

■NFTを始めたきっかけ

　Zombie Zoo Keeperさんの作品が高額で取引きされたニュース記事を見て、強く興味を惹かれたのがきっかけです。まず2021年9月に1stプロジェクト「クリプトパイロット」を制作。現行のAirbitsコレクションの前身となる2次元のピクセルアート・コレクションです。認知を拡散させるために試行錯誤する中、主にGiveaway（プレゼント企画）での配布をメインに施策。そこで得た学びから、次回作への構想が固まっていきま

した。

**■7,280字にわたり書き綴った記事が共感を呼んだ**

　Airbitsさんの夢を7,280字にわたり書き綴った記事が広く共感を呼び、大きな注目を集めることになりました。

Airbits公式Twitterより抜粋：

　「私は現在27歳。航空会社のパイロットとして空を飛んでいます。今後はコックピットを離れ、世界を変えるNFTプロジェクトチームを立ち上げます。Now or never.」

世界を変えるNFTプロジェクト
https://note.com/cryptopilot/n/n858a874be5de

**■制作で大事にしていること**

　いかにパイロットらしさを演出できるかを重視。キャラクターのバリエーションには幅を持たせていますが、「パイロットにみえる」ことを大事に心がけています。

**■家族のコメントから作品のヒントを得ることも**

　いったん作品が完成すると、必ず奥様にみてもらいOKが出てからListしています。主観的な視点だけではなく、第3者の客観的な意見も取り入れるようにしています。エンジニアに依頼し、5,000体の組み合わせをテキストデータで生成。それらを元に、200種類以上のパーツを手作業で制作しています。パーツを制作したのはコレクションの販売をスタートさせるひと月前頃。画像データとボクセルデータまでは自身で制作し、アバターデータにするための最終調整は委託しています。

**■マーケティングで心がけていたこと**

　SNS、Twitterでの発信に特に力を入れていました。心がけていたのは「購入いただいた方を紹介すること」です。コミュニティの繋がりを広げるため、購入者さんへのメッセージ送信や保有者特典としてのアバター配

## 世界を変えるNFTプロジェクト

♡ 165

airbits
2021年10月15日 14:12 フォローする

私は現在27歳。航空会社のパイロットとして空を飛んでいます。今後はコックピットを離れ、NFTを通して明るく楽しい世界の実現を目指します。なお、定期的にTwitterにて発信をしておりますので、**@pilotraders**をフォローしていただけると嬉しいです。

▼ 目次
自己紹介
NFTにのめり込んだ理由
私が描く未来予想
実現させたいNFTプロジェクト
今後のFlight Plan
プロジェクトを遂行する上で心がけること
さいごに

**世界を変えるNFTプロジェクト（note）作品に対する思いを7000文字にぶつけた**
https://note.com/cryptopilot/n/n858a874be5de

布、2次流通が起きた際は新たな購入者さんとの交流も欠かさず行うようにしていました。

**■チーム制**

　制作もマーケティングも全て1人で行っていたため、忙しい時は24時間のうち15時間くらいの時間を制作にあて、1日中パソコン漬けの生活をしていました。体力的な無理が続き、これ以上このスタンスを続けていてもプロジェクトが続かないと判断。Twitterとnote経由でチームメンバーを募集し、現在は10名ほどでプロジェクトを運営しています。

**■ルーツ**

　小学生の頃、アートを学ぶ習い事に通っていました。高校生の時、映画「ルーキーズ」を見た翌日、映画を見て受けた衝動から学校中の窓ガラスを割り謹慎処分となり、母親を泣かせてしまったことから改心。将来はパイロットになると決めてからは精一杯、勉学に励みました。

# Web3.0とは？

ひと言に集約するなら「分散型インターネットの時代」です。それは、既存のインターネット（Web2.0）に対する部分的な疑問やリスクから生まれた、カウンター（反発）に近い概念でもあります。いずれにせよ、Web3.0はその概念自体が生まれて間もないため、明確な定義は定まっていません。

## Web1.0

Web1.0はシンプルに言うと「情報の発信者と閲覧者の関係が固定されていた時代」のことです。1990年代からインターネット（WWW = World Wide Web）が情報の発信に使われるようになっていきました。動画や高画質の画像コンテンツのような大きなデータ量を技術的にまだ取り扱えなかったこともあり、テキストをメインとするウェブサイトが主体でした。中には、交流・連絡手段の「掲示板」があったものの、情報の発信者と閲覧者との関係が固定されていました。

## Web2.0

Web1.0の次に来たのが Web2.0です。Web2.0は「情報の発信者と閲覧者の相互コミュニケーションが可能になった時代」です。Twitter、Facebook、InstagramといったSNSの普及がその象徴として挙げられます。これらのSNSは2000年後半から普及し始め、今もインターネットのメインコンテンツとして使われています。その特徴は、誰もが手軽に発信者となれる点にあります。今まではメディアを通じて一方方向でしか知ることの無かった著名人の情報。その著名人とのコミュニケーションの垣根をSNSは大きく下げました。

さまざまな人と簡単に繋れる便利さがあるものの、Web2.0 は中央集権的なサービスで成り立っているため、サービスの提供者である特定の企業へ情報や権力、利益が集中している点が課題として挙げられます。

## Web3.0

Web2.0の中央集権性による諸課題を解決すると期待されているのがWeb3.0です。Web3.0の明確な定義は確立されていませんが、特定の巨大企業により独占されている権力を分散させ、管理者不在のサービスを目指しています。Web1.0〜2.0はインターネットの技術が基盤にありました。Web3.0はさらに加えてブロックチェーン技術が基盤にあります。

WEB 3.0

第 4 章

# NFTのリスクの種類と
# リスク回避方法

# 4-1 MetaMaskで知っておくべき重要ポイント

MetaMaskはNFTを扱う上での主要ツールです。頻繁に使うものだからこそ、安全に運用するための第一歩として、MetaMaskができることや、パスワード・シークレットリカバリーフレーズの役割、複数のウォレットを管理する方法や意味など、重要なポイントを確認しましょう。

## MetaMaskができること

### 1. EthereumやERCトークンを管理できる

本書ではEthereumチェーンについて扱いますが、MetaMaskはEthereum以外の規格もまとめて管理できます。MetaMaskが扱えるものは、暗号資産 (ERC-20トークン) とNFT (ERC-721・ERC-1155トークンなど) です。

ERCは 「Ethereum Request for Comments」 の頭文字で、Ethereum基盤のトークンを発行するための規格です。ちなみに、現在のところERC-20・ERC-223・ERC-721・ERC-948・ERC-1155など多くの規格があります。一見すると理解しがたいですが、整理のために次から紹介していきます。

**MetaMaskが管理できるものとは**

**・暗号資産 (ERC-20トークン):数量的で代替可能なもの**

ERC-20はEthereum上のスマートコントラクトで実装された、お金のように数が多く数量的なものを表すトークンで、暗号資産が主な用途です。

---

PC版のMetaMaskで視覚的に確認できるのは暗号資産・トークンのみです (ERC-20)。PCで視覚的にNFTを確認するには、OpenSeaなどに接続する必要があります。Opensea対応ブロックチェーンのNFTであれば表示されます。

OpenSea対応のブロックチェーンは2022年11月現在、次の通りです。Ethereum (イーサリアム)・Arbitrum (アービトラム)・Avalanche (アバランチ)・Klaytn (クレイトン)・Polygon (ポリゴン)・Optimism (オプティミズム)・Solana (ソラナ) 少しずつ増えています。

112

・NFT（ERC-721トークン）：非代替性のもの

　ERC-721トークンの大きな特徴は非代替性で、分割できない点です。一方、OpenSeaで使われているERC-1155規格のNFTは複数の発行が可能なため、その非代替性について議論になることがあります。ERC-20とERC-721の主な違いは、ERC-20トークンが代替可能で分割可能であるのに対し、ERC-721トークンは非代替性で分割できないことです。

IMASORA | The Present Sky #024
IMASORA

KONOFUKU gift #1
KONOFUKU#0

...　　　　...

## 2. 複数のウォレットを作成できる

　MetaMaskは複数のアカウントを作成して管理できます。複数のアカウントで運用するメリットは主に2つあります。1つは「資産管理」です。暗号資産や、NFTカテゴリ、テーマごとなど使い道に応じてアカウントを使い分けることができます。

　もう1つは「プライバシーや匿名性の強化」です。MetaMaskのアドレスに資産がどのくらい入っているのか、何を保有しているのか、その透明性は特徴の1つですが、プライバシーには注意が必要です。
　SNSには公開しないアカウント（アドレス）を使い分けることで、暗号資産の保有額やどのようなNFTを買ったのかといった情報と、誰がそれを保有しているのかを紐づけることはできません。こうしてプライバシーや匿名性を強化できます。

　なお、MetaMaskで複数のウォレットを作る方法は2パターンあり、それぞれリスク管理に関わります。リスク管理についての詳細は次項（117ページ）で紹介します。

スマホ版MetaMaskにNFTを表示させる方法があります。スマホ版MetamaskでNFTタブに切り替え「NFTを追加」→ Contract Address・Token IDを入力して「追加」です。それぞれの情報はOpenSeaでNFTのdetails内で確認できます。

スマホ版MetaMaskでアカウントを追加する方法は、アイコンをタップ→「新規アカウントを作成」をクリックします。

### 3. さまざまなプラットフォームに接続できる

　Web3志向のNFTマーケットやサービスは、従来のインターネットサービスのような新規登録の窓口や作業がなく、MetaMaskを接続するだけで利用を始められるのが特徴です。MetaMaskに接続するだけで利用できるプラットフォーム（サービス）はOpenSeaのようなNFTマーケットの他に、DApps（Decentralized Applications）、DeFi（Decentralized Finance）などがあります。(NFTマーケットはDAppsのひとつです。)

**MetaMaskが接続できる主なサービス**
①NFTマーケットプレイス
NFTを取引できるプラットフォームの総称です。

②DApps（Decentralized Applications）

分 散 型 アプリケーションと呼ばれるブロックチェーン上でソフトウェアを動作させる、スマートコントラクトを応用したサービスの総称です。
例）Voxels（旧Cryptovoxels）
土地NFTを所有でき、その土地の上でギャラリーやテーマパークなどを建設できるメタバースです。テキストチャットや音声チャット、音楽配信、イベントなどを開催できます（※1）。

③DeFi（Decentralized Finance）
非中央集権型で金融取引を行う仕組みのことです。インターネット上にある無人の銀行のようなイメージです。暗号資産を貸し借りする機能などがあります。
例）Uniswap
Web上の両替所です。仲介者なしで暗号資産のやり取りができます。Ethereumのブロックチェーンなどを扱っている、分散型取引所（※2）です。

**Voxels（※1　旧Cryptovoxels）**
https://www.voxels.com/

**Uniswap**
https://uniswap.org/

---

※1 Voxelsは、パーセルと呼ばれる区画ごとに、所有者が自由にブロックを積んで建物を建築できます。現在の土地の数は7,335区画で、今後拡大する予定。パーセルやアバターに使えるウェアラブルはNFTとして売買可能です。

※2 分散型取引所（DEX：Decentralized Exchanges）は、特定の管理者不在でスマートコントラクトによって自動で取引が行われる、暗号資産やトークンの交換所です。対は中央集権型取引所（CEX：Centralized Exchange）です。

### 4. トークンをスワップできる

スワップを一言で言うと「両替」に近いイメージです。とある暗号資産を別の暗号資産に交換することを

スワップと言います。例えばEthereumチェーンのETHをWrapped ETH（WETH）にスワップをすれば、OpenSeaでオファーやオークション入札でWETHを使うことができます。

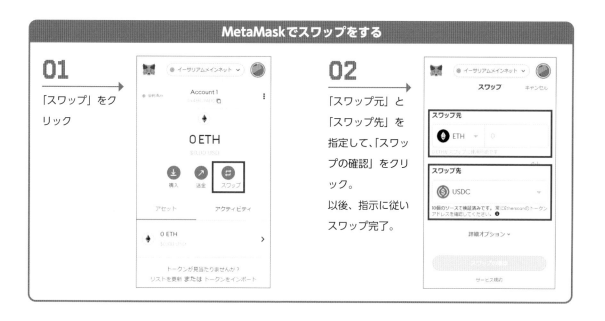

**MetaMaskでスワップをする**

**01**
「スワップ」をクリック

**02**
「スワップ元」と「スワップ先」を指定して、「スワップの確認」をクリック。
以後、指示に従いスワップ完了。

---

## パスワード・シークレットリカバリーフレーズ・秘密鍵について

### 1.MetaMaskのパスワードについて

MetaMaskのパスワードはブラウザを立ち上げ、MetaMaskにログインする時に求められる文字列です。パスワードをリセットする時に、シークレットリカバリーフレーズが求められます。

MetaMaskのパスワードを変更するには、ウォレット自体をリセットをする必要があります。

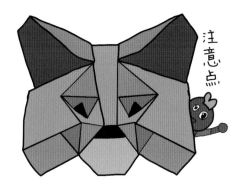

MetaMaskでスワップできる通貨のひとつ「USDC」は、Apple Payで決済対応になりました。（2022年11月15日）。 暗号資産の利用は実社会で少しずつ拡大をしています。

MetaMaskのパスワード変更方法はデバイスごとに異なります。Chrome拡張版の場合は以下の通りです。
①シークレットリカバリーフレーズを確認する ②アカウントをロックする ③「シークレット リカバリー フレーズを使用してインポートする」をクリックして、入力する ④新しいパスワードを設定する ⑤「復元」をクリックする ※シークレットリカバリーフレーズの解説は次のページへ→

115

## 2.MetaMaskのシークレットリカバリーフレーズについて

MetaMaskのアカウントを新規作成すると、「シークレットリカバリーフレーズ」と「秘密鍵（次ページに詳細）」が自動的に生成されます。MetaMaskのシークレットリカバリーフレーズとは、ウォレットを復元する際に使用する「マスターキー」にあたるもので、12個の単語から構成されています。ウォレット内の秘密鍵をまとめて管理する役割を担っています（※1）。

例えば、新しくPCを買ってMetaMaskを引っ越しさせる時や、パソコンが故障した場合でもシークレットリカバリーフレーズさえ分かっていれば別のパソコンでウォレットを復元できます。つまり、シークレットリカバリーフレーズは資産そのものと言え、もしその情報が漏れてしまうとウォレット内の資産の入金や送金など、全ての取引が他者によって思うがままとなってしまいます。12個の単語とその順番はしっかりと管理しましょう。

---

### シークレットリカバリーフレーズを確認する

1. メタマスクの右上隅にある「プロフィールアイコン」をクリックします

2. 「設定」をクリックします

3. 「セキュリティとプライバシー」をクリックします。

4. 「シークレットリカバリーフレーズを公開する」をクリックで、シークレットリカバリーフレーズを確認できます。

---

一度生成されたシークレットリカバリーフレーズは変更することができません。そして万が一、情報が漏れてしまった場合、シークレットリカバリーフレーズは変更できないので、同じアカウントの仕様を継続することは避けましょう。

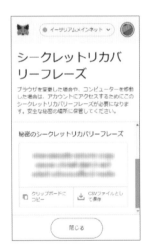

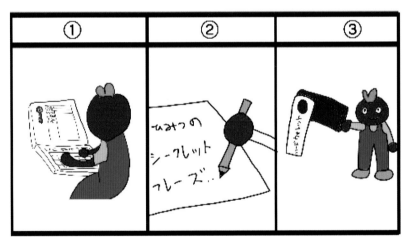

---

シークレットリカバリーフレーズは、次の例のように12個の英単語で構成されています。
例）hat apple desk phone rise photo box million lunch door spoon park

秘密鍵はランダムな文字列で構成されています。
例）df4h65srtjshj2srtxgfh2j46s4hxfzserh4z45gh4s4
シークレットリカバリーフレーズは、紙に書いて残したりネットと繋がらない環境で管理するのが良いとされています。さらに分散させて保管するなど、手間をかけるほどセキュリティーレベルが上がります。

### 3.MetaMaskの秘密鍵について

MetaMaskの秘密鍵は「プライベートキー」とも言われます。秘密鍵は単体のアカウント（各ウォレットアドレス）を管理する役割があります。ウォレットに別のアカウントを追加したいときや、既に使っているMetaMaskに他のウォレット（Trust WaletやSafepal Walletなど ※1）をインポートする場合、「秘密鍵」を使います。一方、新規にMetaMaskをインポートする場合は、シークレットリカバリーフレーズを使います。

・シークレットリカバリーフレーズ：アカウントの復元時に求められる
・秘密鍵：アカウントにウォレットをインポートする時に求められる

**秘密鍵を確認する**

1. 「・・・」をクリック
2. 「アカウントの詳細」をクリック
3. 「秘密鍵のエクスポート」をクリックしてパスワードを入力
4. 「確認をクリック」して秘密鍵が表示されます

---

## 複数のウォレットを作る2つの方法

MetaMaskで複数のウォレットアドレスを作る場合は主に2パターンあります。

1つは、同じウォレット内にアドレスが違う複数のアカウント（アドレス）を作る場合。もう1つは違うウォレットを作る場合です。アドレスが複数ありさえすれば十分にリスク管理ができているかというと、必ずしもそういうわけではありません。その理由はパスワード、シークレットリカバリーフレーズ、秘密鍵の役割に注目すると理解できます。

ウォレットアドレスを複数分けて目的に応じた管理はできますが、シークレットリカバリーフレーズは同一です。そのため、セキュリティの面で十分ではありません。万が一シークレットリカバリーフレーズの情報が漏れてしまうと他のPCでウォレットを丸ごと復元することができてしまいます。同じウォレット内で管理している全てのアドレスの資産を自由に移動されてしまう可能性があるため、セキュリティー重視というよりも管理や使い分けを重視した方法だと言えます。

---

シークレットリカバリーフレーズから、MetaMaskと紐づいている各アカウント（各ウォレットアドレス）の秘密鍵を確認することができます。秘密鍵からシークレットリカバリーフレーズを調べることはできません。

※1 Trust Walletとは40種類以上の通貨を保管できるマルチコインウォレットです。SafePal Walletはウォレット内にDAppsが表示されていて簡単にアクセスできることが特徴のウォレットです。

### ①同じウォレット内に複数のアカウント（アドレス）を作る場合

# 01

アカウントアイコンを
クリック

# 02

「アカウントを作成」
をクリック

# 03

「アカウント名」を入
力し「作成」

| | 同じウォレット内に複数アカウント（アドレス） | 別のウォレットを作る |
|---|---|---|
| アドレス | 違う | 違う |
| パスワード | 同じ | 違う |
| シークレットリカバリーフレーズ | 同じ | 違う |
| メリット | ウォレットアドレスの使い分けができる | 別のウォレットとして管理できるので<br>セキュリティーレベルが上がる |
| デメリット | シークレットリカバリーフレーズは同じなので、<br>セキュリティーレベルは弱い | 作成・管理に手間がかかる |

### ②違うウォレットを作る場合

　違うウォレットを作る場合、ウォレットアドレス、パスワード、シークレットリカバリーフレーズがすべて異なるため、セキュリティー面でこちらの方が強くなります。

Chromeで別のウォレットを作る場合は新規プロフィールを作成して、MetaMaskをインストールします。

1.Chrome右上のプロフィールをクリックします。

2.「別のアカウントを追加」をクリックします。

3. 新しいプロフィールでMetaMaskをダウンロードしてMetaMask新規アドオンの設定をします。(第2章　20ページ参照)

オンライン環境で管理するウォレットを「ホットウォレット」、オフライン環境で管理するウォレットを「コールドウォレット」と言います。

コールドウォレットの種類は、秘密鍵を紙に書き記した「ペーパーウォレット」や金属板に文字を刻む製品、専用デバイスで秘密鍵を管理する「ハードウェアウォレット」があります。

ハードウェアウォレットとは暗号資産やNFTをオフラインで保管できるウォレットのことです。オンライン管理で起こり得る、不正アクセスによる被害を防ぐ目的で使われます。

コールドウォレットは安全性が高い一方で、物理的に紛失をしないよう管理する必要があります。加えて、普段の支払いなどには使いにくいため、コールドウォレットは主に保管目的で用いられます。

# 4-2 資産管理で気を付けるべきポイント

## 自己責任と引き換えにある自由

4-1でパスワード管理のポイントなどを確認しました。このようなパスワードが既存のWeb2.0サービスと様式が異なるのは、中央に管理者がいないことと関係しています。Web3.0サービスは管理者に個人情報を預ける手順が必要ないので、個人情報が漏洩する心配はありません。また、利用手数料が不要、もしくは低料金というメリットがあります。

その一方で、管理者不在のため問い合わせ先が存在しないことは、Web2.0にないデメリットと言えるかもしれません。つまり、パスワードを紛失した際には問い合わせ先がなく、パスワードの復元が不可能です。その他には、サービス（Dapp 分散型アプリケーション）を利用する際にWeb2.0以上の知識が必要など、利用する難易度が高いことや、手順すべての判断を自己責任で行うことが前提となります。

Web3.0はWeb2.0になかったような、利用者による自由度が高くなります。しかしそれは自己責任と引き換えで成立しています。また、中央の管理者が不在のサービスは利用者同士で特設的なコンタクトが可能であるため、望まない詐欺やハッキングも多いのが事実です。さらに現状では法律面が追いついていない部分があり、モラルやルールに明確な線引きができません。Web3.0のメリットばかりに注目するのではなく、サービスを利用するために必要な管理や自己防衛などに目を向けることが既存のWeb2.0サービス利用時以上に必要となります。

---

### Web3.0サービス（中央管理者不在）の主なメリット

・個人情報が漏洩することがない

・利用手数料がない、もしくは安い

---

### Web3.0サービス（中央管理者不在）の主なデメリット

・パスワードを紛失すると復元できない（問い合わせ先がない場合がある）

・サービスを利用するためにWeb2.0以上の知識が必要になる（利用難易度が高い）

・すべて自己責任となる

・詐欺やハッキングが多い

・法律上の判断が難しい部分がある

---

ハードウェアウォレットのひとつにLedger社の暗号資産の保管ツールが挙げられます。このツールでは、ハードウェアウォレットにアクセスするPINコードと24のリカバリーフレーズで暗号資産にアクセスできる秘密鍵が暗号化され保管されます。Ledger社は[ Ledger ] Market Pass - Genesis Edition というNFTを発行していて、保有者に対して限定版のハードウェアウォレットを付与するなど、資産管理を呼びかけています。

## MetaMaskの切断（Disconnect）と承認の取り消し（Revoke）

MetamaskをOpenSeaやDappsなどのサービスに接続して利用する時に、Approve（アプローブ）という署名をします。Approveは「承認」という意味です。何のことかと言うと「自分の資産を移動させる権利」への承認なのですが、これだけを聞くとただことではない印象を持つかもしれません。しかしこの承認を経て初めて、スマートコントラクトでサービスが利用できるようになります。

OpenSeaの売買を例に挙げます。OpenSeaに出品をしたNFTを誰かが買った時に自動的に売買契約がなされ、購入者へNFTが渡り、売り上げを作者へ送金されます。この契約が自動的に行われる（資産を移動させる）のは、ApproveしてOpenSeaに権利を承認しているためです。このように、サービスの利用時には必ずApproveを行います。

一方、使わないサービスや怪しいサイトにApproveしてしまった場合などは、Revoke（リボーク）します。Revokeとは「承認した内容を取り消すこと」です。ウォレットの安全性を高めるために必要です。

もうひとつ、Disconnect（ディスコネクト：切断）があります。切断は、MetaMaskをサービスから切り離す作業です。切断を行うことによって、パブリックアドレス、ウォレットの内容、取引履歴、および取引を開始する機能などの表示がされなくなります。表面上はすべてのアクセスが切り離されたように見えるのですが、MetaMaskとサービスを完全に切り離すには、最初に承認した内容のRevokeが必要となります。Revokeを実行するにはガス代が必要になる場合があります。

承認：Approve
MetaMaskの資産を移動できる権利を与えること。

承認の取り消し：Revoke
Approveをした内容を取り消すこと。

切断：Disconnect
サービスから切り離すこと。
切断しただけでは、権限は承認した状態のままなので、資産の移動が行われてしまう可能性がある。

## MetaMaskで切断（Disconnect）をする

OpenSeaからMetaMaskを切断（Disconnect）します。表面上はすべてのアクセスが切り離されたように見えますが、まだ不完全です。MetaMaskとサービスを完全に切り離すために、最初に承認した内容のRevokeを行います。

いちど切断を行うと、再びOpenSeaを使う時には署名（接続）をする必要があります。

## 01

MetaMaskアドオンを立ち上げ「…」をクリック。

## 02

「接続済みのサイト」を選択。

## 03

「接続解除」をクリック。

## 04

「接続解除」をクリック。

## 05

接続解除ができました。

---

Web3.0の世界で「トラストレス」という言葉が使われます。トラストレスとは、非中央集権を実現するための概念です。ブロックチェーンを活用し、第三者不要の状態で取引を成立させることができるようになります。

しかし「トラストレスが前提にあるからすべてを信用抜きに活動できる」というわけではなく、WEB3.0の世界で得るメリットと同時にその周辺にある知識や責任が必要です。それらの最低限のアクションとして「MetaMaskの接続解除」があると言えます。

## Ethrerscanで承認の取り消し（Revoke）する

Revokeする方法はさまざまにありますが、ここでは Etherscan（Beta版）を使う方法を紹介します。Open Seaに接続した状態で以下の手順を行い、Revoke、つまり承認の取り消しを行います。

**01**

MetaMaskアドオンを立ち上げ「…」をクリック。

**02**

「アカウントをエクスプローラーで表示」を選択。

**03**

立ち上がったEtherscanの「More」を選択。

**04**

menuから「Token Approvals」を選択します。

## 05

「Connect to Web3」を
クリックし、MetaMask
を接続します。

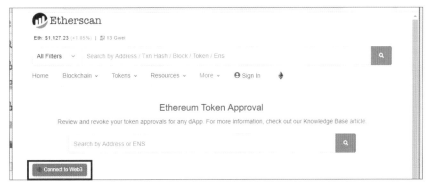

## 06

Connect a Wallet で「MetaMask」を選択
します。
MetaMaskを使用して「次へ」「接続」をクリ
ックしErherscanに接続します。

## 07

「Revoke」をクリ
ックします。

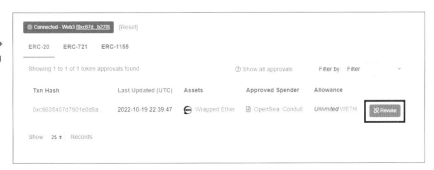

## 08

Revoke Approvalの内容を確認し「Revoke」をクリックします。

## 09

MetaMaskで表示される内容を確認し「確認」をクリックします。

## 10

View your Transaction をクリックします。

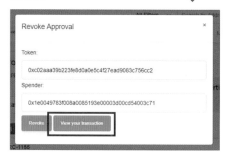

## 11

Transaction Action 欄に「Revoked」とあります。承認取り消しが確認できました。

---

Approveはチェーン上で行われるため、Approveの取り消しごとにガス代が必要になります。また、MetaMaskはApproveの時に権限の編集（Edit Permission）ができます。

MetaMaskは定期的にRevokeすることを推奨しています。また、Revokeする方法やサービスはRevoke.cash / Unrekt / Approved Zone / Coin Tool などいくつかあります。仕様は変更される場合があります。

## 暗号資産の送金ミスに注意する

暗号資産のアドレスは不規則で桁数の多い文字列のため、慣れない内は非常に取り扱いにくいものです。そのため間違ったアドレスへ送金して暗号資産を取り戻せない状態になってしまう事例が見受けられます。暗号資産データ企業のChainalysisによると、発行されたビットコイン（BTC）のうち、なんと約20％が紛失またはアクセスできない状態にあり、事実上消滅しているという報告があります。送金ミスは送り先アドレスをよく確認すれば防げる場合も多く、また、知識を備えて手続きを進めることで送金ミスは防げます。

### 送金ミス①：アドレスの間違い

送金ミスの原因は単純に、アドレスの打ち間違いや送信先ウォレットを間違えて入力することです。暗号資産のアドレスは1文字でも間違えると希望のアドレスに送金することができません。存在しないアドレスへ送ってしまうと、取り戻すのは難しい場合がほとんどです。

### 送金ミス②：ネットワークの間違い

ネットワークの間違いによる送金ミスとは、暗号資産を別のブロックチェーンネットワークへ送金してしまうことです。異なるネットワークへ送金するとエラーが発生して実行されず、その時点で間違いに気付く場合があります。しかし、アドレス形式が似ているEthereum、Ethereum Classic、Polygonなどは、エラーが検知されずに暗号資産が消滅してしまう可能性があります。

OpenSeaユーザーによくある送金ミスは、PolygonチェーンのWETH（OpenSeaの紫色ETH）を、Polygonチェーンを扱っていない取引所のEthereumアドレスへ送ってしまい、暗号資産を取り戻せなくなってしまうケースです。OpenSeaで使ったPolygonチェーンのWETHを国内の取引所（Ethereumチェーン）に送る場合は、PolygonチェーンのWETHをEthereumチェーンのETHにBridgeしてから取引所へ送金しましょう。

## ホットウォレット・コールドウォレットについて

暗号資産に使われるウォレットはホットウォレットとコールドウォレットの2種類があります。ホットウォレットとはインターネットに接続されたウォレットで、コールドウォレットはインターネットに接続されていないウォレットです。MetaMaskはホットウォレットに分類されます。

ホットウォレットの特徴は、インターネットに接続されているためスムーズに取引できる反面、ハッキングや不正アクセスの標的になることもある点です。そのため、強固なパスワード管理や二段階認証の導入などセキュリティーレベルを上げることが必要です。

コールドウォレットの特徴は、インターネットに接続しない環境で管理するため、ハッキングや不正アクセス

Ethereumのアドレスは、「0x」から始まり、アドレスの文字数は42文字で構成されます。Ethereumを「送る・受け取る」際に使用されるアドレスEOA（Externally Owned Account）とは別に、データを送信できるコントラクトアドレスがあります。

42文字の覚えにくいEthereumのアドレスを読みやすい文字列に関連づけるドメインサービスとして、Ethereum Name Service（ENS）があります。使える文字列は早い者勝ちで、任意の文字列＋.ethのアドレスを購入・レンタルできます。

のリスク低減できるメリットがある反面、ホットウォレットに比べて入出金に手間と時間がかかる点です。

### ホットウォレットの特徴

・手軽でスムーズに入出金できる
・ハッキングや不正アクセスの標的になることがある
→ 使う予定のある最低限の資産を管理するウォレット

### コールドウォレットの特徴

・ハッキングや不正アクセスのリスクを低減できる

・入出金に手間と時間がかかる
→ 長期保有目的や入出金の予定がない場合に使うウォレット

## ペーパーウォレット・ハードウェアウォレットについて

コールドウォレットは大きく2種類あります。ひとつは紙や金属板に秘密鍵やシークレットリカバリーフレーズを書き写す方法です。秘密鍵を紙に書いて残すものをペーパーウォレットと言います。もうひとつは専用デバイスで秘密鍵情報を保管する方法で、ハードウェアウォレットと言います。

ペーパーウォレットは、銀行口座の口座番号とパスワードを書き写すイメージです。公開鍵と秘密鍵をそれぞれQRコードで表示し、スマホアプリなどで読み取ることで入出金を行います。
例：MyEtherWallet（マイイーサウォレット）

### ペーパーウォレットのメリット

・利用コストが低い
・ハッキングの影響を受けない
・分散管理しやすい
・故障することがない

### ペーパーウォレットのデメリット

・インクと紙の劣化で読み取れなくなる可能性がある

・暗号資産の移動に時間がかかる
・紛失や盗難のリスクがある

ハードウェアウォレットは、秘密鍵をオフラインで保管するためハッキング等のリスクを低減できます。ハードウェアウォレットのメリットはセキュリティーの高さに加え、1つのデバイスで多くの暗号資産を扱えること、互換性のある外部ウォレットと連携できることが挙げられます。ハードウェアウォレットを購入する場合は、正規店で購入をします。

### ハードウエアウォレットのメリット

・秘密鍵をオフラインで管理するためセキュリティーが高い
・1つのデバイスで複数の暗号資産を管理できる
・外部ウォレットと連携ができる

### ハードウェアウォレットのデメリット

・専用デバイスを購入する必要がある（約1〜数万円）
・紛失や破損など物理的な管理が必要になる

セキュリティーや管理は手間をかけるほど安全性が高まりますので、他人から推測されにくいパスワードにすることは第一です。ホットウォレットの管理に、接続する用PCと管理用PCを分けているユーザーも少なくありません。

二段階認証を設定できるサービスやアプリの場合は、任意でも第一優先で設定しましょう。二段階認証はメールやSMSに送付されるワンタイムパスコードを入力をするものや専用アプリで行うものがあります。

# OpenSeaで気を付けるべき詐欺行為

**4-3**

NFTは、例えるなら「作家が発行する作品証明書」の機能に近いものです。NFTであるからといって作品が本物だと保証されるものではありません。「どこから発行されたNFTなのかを確認できるもの」と認識するのが正しいです。悪意ある贋作、偽物のNFTは実際多く発行されており、さらには偽物のOpenSeaも存在します。

## 偽物のOpenSea にアクセスしない

OpenSeaは世界最大規模のNFTマーケットプレイスですが、偽物のNFT作品の存在が確認されているだけでなく、マーケットプレイスのOpenSeaそのものの偽物サイトまで存在します。偽物のOpenSeaであることに気づかずMetaMaskを接続してしまうことで、悪意のあるアクセス被害に遭ってしまいます。

そのような事態を防ぐために、Web検索をした結果でアクセスせず、公式TwitterやDiscordのURLを参照するなど、URLの確認を十分に行います。Twitter上には偽物のOpenSeaアカウントも存在するので、そこでもアクセスする際は十分に気を付けます。その上で、正規のOpenSeaのサイトはブックマークし、それ以降はブックマークからOpenseaにアクセスをするようにします。

偽物サイトにアクセスすると、MetaMaskに悪意あるコントラクトを承認させて勝手に資産を移動されてしまう被害や、シークレットリカバリーフレーズの入力を要求されることがあります。公式サービスがMetaMaskのシークレットリカバリーフレーズを要求することはありません。覚えておきましょう。

Openseaの URL：https://opensea.io/

**偽物のOpenSeaにアクセスしないために**

- ・Web検索で広告表示されたOpenSeaにアクセスしない
- ・公式Twitterアカウントに掲載されているURLを確認する
- ・本物の公式OpenSeaをブックマークする
- ・ブックマークしたOpenSeaからアクセスをする

**OpenSea 公式ツイッター**
https://twitter.com/opensea

## Collectionが本物であるか確認する

　偽物のNFTが数多く存在します。NFTは無料で簡単に発行でき、シンプルな操作性で使いやすい上に、Web上のデジタルデータは簡単に複製できるからです。著作権違反などの盗作、スパム、偽物などを含めると、80％以上が不正なNFTであるとOpenSeaの公式調査でアナウンスされたこともありました。（公式Twitter 2022年1月28日）

　不正に発行されたNFTは、Collectionページも本物に似せた作りで、一見すると本物かと思ってしまいます。そのようなNFTを購入しないためには、制作者や作家が運営する公式Webサイトや、TwitterやDiscordなどSNSに掲載されているURLを確認するなど、Mint元や購入履歴などを十分に確認します。加えて、人気

Collectionの場合は、Collectionのボリュームトレードがある程度の量になっていることなど見て、偽物を買わないためによく確認をします。

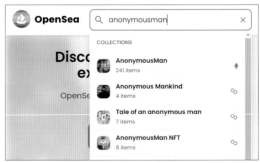

本物のコレクション：241items
偽物のコレクション：8items

## 見知らぬエアドロップに注意する

　エアドロップ（air drop）とは、無償で暗号資産やNFTを配布することを言います。一定の条件を満たした者に配布をされたり、作家間の交流の一環で行われたりするなど、配布条件の内容はさまざまです。

　自らキャンペーンに応募したり、作家とやり取りして受け取るエアドロップ以外に、見知らぬエアドロップNFTが届く場合があります。見知らぬエアドロップは単に営業目的で届けられるものもありますが、中には悪意のあるコードが仕組まれている可能性があります。外

観からそれらの判断が付かないため、触らないように注意します。

　OpenSeaにはCollectionを整理する機能として、その他のタブに「非表示」（旧Hidden・unhide）があります。非表示にする際にMetaMaskから承認が求められ、承認すると悪意のあるコードが作動して被害が発生してしまうことがあり得ます。

　いずれにしても、身に覚えのないエアドロップは絶対に触らないよう注意しましょう。

---

NFTは作品や取引履歴など改ざんを不可能にするテクノロジーのひとつですが、あらゆる不正を防ぐものではありません。例えば、Mintする時点で不正に取得した画像データなどを使った偽物のNFTは、数多く出回っているのも事実です。

NFTの真贋を自動的に見分ける機能は今のところありません。NFTを購入する前に、十分に確認をするほか、OpenSeaの場合は偽物の作品があればReportで報告します。

## 高額オファーの発生しているNFTに注意

OpenSeaのコレクションは「収集済み」と「非表示」に分けられています。

収集済は主に、自分で作成したNFTや購入したNFTです。非表示には、エアドロップ（トランスファー）されたNFTが自動的に振り分けられます。EthereumチェーンのNFTがエアドロップされると、収集済みで表示されることも。その中には0.5〜3WETHといった高額オファーが入っている場合があります。これに承認し

てしまうと、WETH上で悪意あるコントラクトが動く可能性があるため、身に覚えのないNFTは触らないようにするのが原則です。

これらのNFTは数日経つと表示されなくなっていることが多く、不適切なNFTとしてOpenSeaが削除していると考えられます。怪しいものは触らないことに加えて、調べることなく衝動的に動かないことは、NFT活動において常に心がけましょう。

0.62ETHと高額でオファーが来ている身に覚えのないNFT

一般的に、高額オファーがある作品は人気Collectionだが、この例では合計出来高が0ETHと不自然

# SNSで気を付けるべき詐欺行為

## スキャムアカウントに注意する

NFTや暗号資産の世界ではスキャムが横行しているのも事実です。スキャムとは、直訳すると「詐欺」。SNSを通じて詐欺師はさまざまな方法で誘導しますが、詐欺師の目的は主に3つです。1つ目は「秘密鍵を盗む」こと。2つ目は「シークレットリカバリーフレーズを盗む」こと。3つ目は「MetaMaskのApproveを承認させる」ことです。

NFTの世界は国内・海外問わずNFT作品の営業活動を行うことが一般的です。そのため、新たなプロジェクトを立ち上げる仲間の募集や、NFTに関わるDMが多く届きます。その中で、純粋に制作したNFT作品やプロジェクトの営業DMなのか、悪意あるDMなのかを判断するのは難しいのが現状です。

### スキャムにはこんなタイプがある！

・偽物・なりすましアカウント → 悪意のあるサイトへ誘導

・コピーしたデータを不正に出品している

・DMで接触をはかる

Twitterでは、公式アカウントより偽アカウントの方がフォロワー数が多い場合もあります。フォロワー数が多ければ安心、とは一概に判断できないのです。

加えて、公式マークが付いていれば本物という訳でもありません。安全を優先するなら、知らないアカウントからのDMは全て無視します。

スキャムアカウントの目的
①秘密鍵を盗むこと
②シークレットリカバリーフレーズを盗むこと
③MetamaskでApproveを承認させること

## DMやり取りの被害例

スキャムアカウントからのDMで私が経験した例を挙げます。「あなたのNFT作品に興味がある」「詳しく話を聞きたい」といったやり取りから始まり、「私は○○（海外）でギャラリーを運営している。所属作家にならないか？」「私たちにはたくさんの顧客がいるので、あなたはもっと売れるようになる」といった内容の会話でした。

実際にギャラリーのWebサイトがあり、そこで行われるやり取りはBotのような機械的な内容でなく、柔軟な対応だったので初めは心を許していました。しかし途中で、都合が良すぎるのではないかと疑問を持ち、さらに怪しいURLを送ってきたので、これ以上はやり取りをしない方がいいと判断して、やり取りを中断しました。

そのあと、同様の手口で被害が発生していました。私がやり取りしていたアカウントはフォロワー数約1万でした。このように悪意のあるサイトへ巧妙に誘導したり、悪意のあるプログラムを仕込んだファイルを送りつけたりする事例があります。ファイルが圧縮ファイルであることが多いのは特徴ですが、それでは内容がどのようなファイルであるのか判断できません。

スキャムアカウントの手口例
・偽サイトへ誘導をする
・サポートになりすましMetaMaskの情報を聞き出す
・知らないNFTを送り付ける
・偽物のNFTの営業をする
・人気NFT作品の当選と称して送金を要求

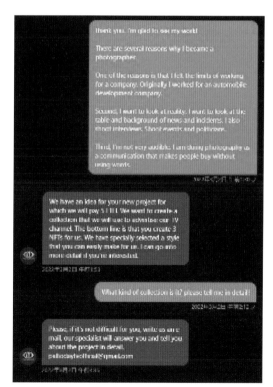

▲12万フォロワーのアカウント

▲続きはメールでやり取りをしようと誘導された例

## サポートを名乗るアカウントに接触しない

管理者のいるWEB2.0サービスと異なり、WEB3.0思想のサービスは管理者不在であるため、ユーザーからの問い合わせ先の窓口が無いものもあります。そのため、SNSで「○○で困っています！」「○○をご存じの方いませんか？」といった回答を求める投稿を見かけますが、このような投稿は控えた方がいいかも知れません。「業界経験の少ない初心者がここにいます」と手を挙げて宣言しているようなもので、悪意のあるアカウントから標的にされかねないからです。

また、MetaMaskといった特定のワードを含む投稿をすると、MetaMasksupportといった名称のアカウントからリプライやDMがあるケースも。「調査するので詳しく教えてください」といったやり取りで始まり、「復元するのでシークレットリカバリーフレーズを教えてください」と、悪意ある詐欺アカウントの事例そのものです。

MetaMaskに限らず、Opensea supportというアカウントも同様です。ちなみにMetaMask公式のアナウンスで、公式がシークレットリカバリーフレーズを尋ねることはないと明示しています。

MetaMaskといった特定のワードを含む投稿をすると、悪意のあるアカウントやURLのリプが多くつくケースが見られます。

---

### MetaMaskの公式アナウンス

1.シークレットリカバリフレーズ・秘密鍵を共有しないでください

2.なりすましに注意してください！

3.助けを申し出ている人とDMしないでください

4.いかなるWebサイトにもシークレットリカバリーフレーズ、秘密鍵を入力しないでください

5.「ウォレットを認証する」ように頼む人を絶対に信用しないでください

6.誰かがあなたに与えた秘密鍵やシークレットリカバリーフレーズをウォレットにインポートしないでください

7.MetaMaskサポートはDMであなたを助けることは決してありません

8.Discordサーバー、WhatsAppsグループ、WeChatグループ、Telegramチャネル、またはTwitterのDMに参加しないでください。これらはすべて詐欺です。MetaMaskは、これらのプラットフォームを介したサポートを提供していません

9.詐欺師を報告しよう。あなたはコミュニティの安全を維持するのを助けることができます！

10.偽のWebサイトに注意 → 公式Webサイト：https：//metamask.io/

11.公式ヘルプ → Support.MetaMask.io

第 **5** 章

# NFTの法律と税務

# NFTの法的な定義とは

Text：増田雅史（弁護士）

**Q1** そもそも日本の法律上、NFTはどういった位置づけなのでしょうか。
また、NFTを発行したり売買したりすることが規制されていないのでしょうか

NFT自体を規制する法律はなく、何がNFTであるのかを公に定義している文書もありません。よって、あるNFTやその取引が、もともと存在している法体系の中でどんなものに該当するかどうかは、NFTごとに個別具体的に考える必要があります。

NFTはブロックチェーン技術を用いて発行されるデジタルトークンです。そのことから、同じデジタルトークンであるビットコインなどと同じように、「暗号資産」として規制されるかどうかがよく問題となります。暗号資産にあたる場合、それを発行して販売したり、取引の場を設けたりするためには、資金決済法上の「暗号資産交換業者」として国に登録する必要があります。

しかし、一般的にNFTは、ビットコインのように数量的に把握できず、何かの代金として支払うような機能をもっていないため、暗号資産には該当しないと考えられています。実際、一般的なNFTは、どの金融規制の適用も受けず、比較的自由に発行・流通させることができると考えられています。

他方で、NFTと言いつつ、同じようなものが大量に発行されていて何かの支払いに利用できるのだとすると、それは暗号資産に該当します。例えば1万円札だって、通し番号が入っていて一枚一枚の区別ができるけれ

ども、実際の使われ方はまさに「お金」ですよね。それと同じように考えれば、「シリアルナンバーで区別しさえすれば、同じようなものを何個発行しても規制されないはずだ」とはならないわけです。

なお、新しい事業やプロジェクトのための資金調達の手段としてNFTが発行されることもあります。そのNFTと紐付く事業やプロジェクトが上手くいったときに、そのNFT保有者に対して利益を分配するような仕組みになっている場合には、そのNFTは金融商品取引法上の「有価証券」として、株や社債などと同様の規制がなされます。こうした証券分野のトークンは「セキュリティトークン」と呼ばれたりしますが、その発行者にも、売買その他の取引への関与者にも、重たい規制が課せられることとなります。

# 5-2 【法律編】 NFTアートの「所有権」

Text：増田雅史（弁護士）

## Q2 NFTアートを購入した場合に、どんな権利を取得したことになるのでしょうか。「その作品の所有権を取得した／保有した」と考えてもいいのでしょうか

NFTアートは、「デジタル所有権」を実現する仕組みだ、と説明されることがあります。デジタルアート作品はデジタルデータなので、本来的にコピーし放題であり、1つひとつを売ることが難しかったわけです。ところがデジタルアート作品と紐づけたNFTは、1つだけ発行して販売することで、あたかも1つのもののように取引ができます。「デジタル所有権を実現する仕組み」とは、これを捉えた説明でしょう。

しかし、法律上は「デジタル所有権」なるものは存在しません。はたして、NFTにより「デジタル所有権」が実現されるという評価は正当でしょうか。

NFTはブロックチェーン上に発行されるデジタルトークンであって、その保有者だけが別の保有者にトークンを移転できます。これは、暗号技術によって実現されています。具体的には、あるトークンが保管されている場所（アドレス）に対応する「秘密鍵」を知っている人物以外には、そのトークンを別の場所に動かすことが技術的に不可能な仕組みが備わっています（このトークン保有の仕組みを実現するツールが「ウォレット」ですね）。

このように、他の人物に邪魔されずに自分だけが管理できる状態は、あたかも何かを「所有」しているように感じるかもしれません。

しかし、むしろ法的には、こういった事実上の支配状態は「占有」とは評価できても、それがただちに「所有」

と評価されるわけではありません。まして、「所有権」とはその言葉のとおり権利です。所有権者は、所有物を勝手に他人に奪われた場合、裁判に訴え出て、奪われたものを取り返す権利（返還請求権）を当然に行使することができます。これに対して、NFTにこのような権利は生まれず、前記のように「そのトークンを自分だけが管理できるという事実状態」が生じるだけです。

そうすると、NFTを購入したときに、あるアート作品の「デジタル所有権」を購入したと評価するのは、あまり正しくないといえます。実際、NFTの保有者にできる最も基本的なことは、そのNFTを保有し続けるか、売却するなどして他人に移転させることだけです。

あるNFTを保有している場合に、それに対応するアート作品を何らかの形で利用したり、その他のサービスを受けたりできるのかどうか。これは、そうした「許諾」や「権利」が付帯する形でNFTが売られているかどうか次第です。このあとのQ3とQ4で、もう少し詳しく見ていきましょう。

ART to NFT

# NFTアートの「著作権」

Text：増田雅史（弁護士）

## Q3 NFTアートと著作権の関係について教えてください。
NFTアートを取得した場合、著作権も取得したと言えるのでしょうか

まず著作権について説明する必要がありますね。著作権は、なんらかの創作的な表現物が作られたときに、それを作った人（著作者）が得る権利です。他人に対して、その表現物をコピーしたり、ネットで配信したりすることを禁止にできます。勝手にコピーする人物がいたら、裁判を起こしてその行為を差し止めたりできるということですね。逆にいえば、著作権を有する人物は、他人に対して、そのコピーや配信を許諾することもできます。著作権は譲渡できるため、著作者以外の人物がその権利者となることもあります。

著作権を有している人物を「著作権者」といいます。著作権者は、自分で著作物を使うこともできれば、他人に著作物の利用を許諾することもできます。そのため、上手くやれば、その著作物を使ってビジネスすることもできるでしょう。

では、NFTアートを購入した場合、著作権もついてくるのでしょうか。言い換えれば、そのNFTの保有者が著作権者になるのでしょうか。

答えはNOです。NFTの譲渡は通常、著作権の譲渡を意味しません。著作権はもとの著作権者に引き続きとどまっており、NFTの保有者がそのアート作品をどのように使えるかは、著作権者による許諾の内容次第となります。なんの許諾もない場合もあるでしょう。

例えばアート作品を自由に商用利用してよいなど、何らかの許諾がセットである場合、その許諾条件は、どこかにわかりやすい形で示されているはずです。例えば、そのNFTプロジェクトの特設サイトや、NFTマーケットプレイスの商品説明欄などに、そうした説明が書かれているかもしれません。

なお、NFTと著作権をセットで譲渡することも理屈上は可能ですが、著作権自体の譲渡はそれ以外の方法でもできてしまうので、どこかでNFTと関係なく譲渡されてしまうかもしれません。例えば、Aさんが著作権者からNFTと著作権を購入したあとに、Bさんに対し著作権だけを譲渡した場合、それは有効です。著作権が譲渡されたかどうかは外部からはわかりませんから、これでは、誰もAさんから安心してNFTを購入できなくなってしまいます。このように、NFTと著作権をセットで譲渡するというやり方には難点が大きいので、実際にはほとんど行われていません。

## 5-4 【法律編】 NFTアートを「購入」する際に注意したいこと

Text：増田雅史（弁護士）

## Q4 NFTアートを購入する場合、法的にどんな点に注意しておくべきでしょうか

もっとも重要なのは、NFTを購入したら何ができるようになるのか、または何もできないのか、明確に確認することでしょう。

NFTを購入したからといって、著作権が当然についてくるわけではない、ということはQ3で説明したとおりです。そうすると、そのアート作品を何かに使いたいと思ってNFTを購入するのであれば、本当にそのような利用が許されているのか、許諾内容を確認する必要性は高いといえま

す。ここで難しいのは、許諾の有無や内容をどこに掲示するのかは法的には決まっておらず、実務的にも決まった方法があるわけではないということです。また、許諾内容の書き方にも決まった方法がないので、場合によっては、許諾内容を読んでもよく分からないかもしれません。迷った場合には、そのNFTの発行者に対して、実際にやりたいことを伝えて質問するのがよいでしょう。

NFTの特典として、会員サービスなど何らかのベネフィットの提供がうたわれている場合も同様です。細かな条件は、購入する際に当然に目に入るところではなく、「利用条件」などの形で別のところに書かれているかもしれません。また、NFTについては特に、将来提供

される「かもしれない」ベネフィットを色々と挙げて勧誘しているけれども、実際にそれが提供されるかどうかは約束していない（むしろ現時点の計画であって実施を保証しない、といったことが書かれていたりする）ものが結構多いという印象です。広告宣伝や購入の際に表面的に見える説明だけでは、何が約束されているのかが分かりにくい場合もあるでしょう。その観点から説明をよく読んで、理解できないものは買わない姿勢も大切になるでしょう。

いずれにせよ、何を買おうとしているのか、それは欲しいものと一致しているのか。これらをよく確認することが重要というわけですね。

# 5-5 【法律編】 NFTと著作権侵害

Text：増田雅史（弁護士）

## Q5 NFTアートにおける「権利侵害作品」とは、どういったものを指すのでしょうか

侵害されている「権利」とは、著作権のことでしょう。主に考えられるのは、「公式にはNFT化されていないはずの作品を勝手にNFT化するパターン」と「既に存在しているNFTプロジェクトに見せかけたNFTを作るパターン」です。どちらも、そのNFTに紐づくアートワークをマーケットプレイスで表示するためにコピーしたりアップロードしたりするので、著作権侵害になります。

まず、「公式にはNFT化されていないはずの作品を勝手にNFT化するパターン」について。これは、ある作品の権利者（著作権者）から許諾を得ていない人物が、勝手にNFT化して売ってしまうパターンです。実際に結構起きている問題ですが、NFTに特有の問題とは言えないように思います。むしろ、電子書籍になっていないはずの漫画が勝手に違法サイトにアップロードされて問題になったケースなど、「海賊版」問題はNFTの登場前からずっと存在する問題といえます。インターネットの利用自体が統制されている一部国家とは異なり、我が国を含む多くの国や地域では基本的に誰でもインターネットを自由に利用できるため、こうした海賊版のアップロードを予め検知することは非常に難しく、事前の抑止は困難です。問題行為を見つけた場合、権利者自身がNFTマーケットプレイスに通報し、その出品ページの削除を求めるといったアクションをとることは有効な方策ですが、マーケットプレイス自体も沢山あるので、いたちごっこになることも懸念されます。

次に「既に存在しているNFTプロジェクトに見せかけたNFTを作るパターン」について。著名なNFTプロジェクトはいくつか存在しています。また、そこで用いられているアートワークは通常だれでもアクセスできるものですから、そのアートワークを勝手に使って、あたかもそのプロジェクトのNFTであるかのように装ってNFTを出品する、といった行為が起きています。やはり事前の抑止は困難ですが、購入者としては、発行者の情報をしっかり確認すれば、それが正しいものであるのかフェイクであるのかは比較的容易に確認できるでしょう。

こうした問題は、そもそもブロックチェーン上の記録だけではそのNFTが権利者やその許諾を得た人物によって発行されているかどうかを確認できない、という仕組み上の限界に起因しています。

# 【法律編】 NFTアートを「販売」する際に注意したいこと

**5-6**

Text：増田雅史（弁護士）

## Q6 NFTアートを出品／販売する際の注意点について教えてください

ここまで述べてきた購入者向けの注意点は、そのまま、NFTを販売しようとする発行者への注意点にもつながります。

まず、NFTアートであるからといって、そのアート作品をどのような形で利用できるか、あるいは、その他の付帯サービスにどのようなものがあるか、これらは当然には決まりません。むしろ自由度が極めて高いことは既に説明しました（Q2〜Q4）。そのため、NFTを販売しようとするクリエイターは、どのような条件を設定するか、それをどこでどのように説明するかを考える必要があります。あやふやな説明はクレームの元ですし、実際とは異なる有利な条件を喧伝したりすると、景品表示法に違反する「不当表示」だと評価される恐れもあります。もっとひどいと、嘘をついて代金を払わせたとして、刑法上の詐欺罪に問われるかもしれません。丁寧な説明を心がけましょう。

次に、もし自身のNFTプロジェクトが成功したら、それを装ったフェイクが出現し得ることは、既に述べた通りです（Q5）。発行者としては、自身の発行するNFTのフェイクが出現しても「こちらが本物、あちらは偽物だ」と言えるように、発行時点から気をつける必要があるでしょう。具体的には、自社のウェブサイトや、個人であれば自身がずっと使っているTwitterやインスタグラムなど、本人性を証明できる場を利用して、そこからNFTの販売

ページへのリンクを示すなどして、本物であることをいつでも説明できるようにしておくことが考えられます。

また、勘違いされやすい点として、NFTが販売後に取引されるたびにロイヤリティが貰えるかどうかは、個々のNFTマーケットプレイスの仕組み次第であることにも留意する必要があります。そもそも、こうしたロイヤリティを受け取る権利は、法律上当然に認められているものではなく、NFTの仕様上も当然に実現できるものではありません。実際には、マーケットプレイスごとに仕組みが構築されています。あらかじめ複数のマーケットプレイスで取引されることを想定して各サービスにコンテンツを登録したり、他のサービスとロイヤリティに関する情報を連携するサービスもあるのですが、あまり一般的ではありません。むしろ、ロイヤリティの支払が発生しないマーケットプレイスを利用した取引が好まれる傾向も目立ってきています。

【法律編】 **ブロックチェーンゲームの取引**

Text：増田雅史（弁護士）

## Q7 NFT ゲームアイテムなどの取引（移転、売却、貸与など）について、法的に注意すべき点はありますか

いわゆるブロックチェーンゲームでは、ゲーム内で利用可能なキャラクターやアイテムの一部が、NFTとして取引可能です。ただしその取引は、実際にはゲーム内のマーケットプレイスで行われることもあります。その場合、そもそもブロックチェーン上には取引の結果が記録されていないこともあります。従来型のゲームと同じように、サービス提供者が管理しているサーバの中でデータが更新されているだけ、ということですね。このように、そもそもNFTの取引なのかそうでないのかは、サービスを利用するにあたっての大前提として理解しておく必要があるでしょう。

NFTとして取引可能な状態になるまでは、そもそもNFT自体が発行されていないこともあります。自分のものだと思っていたNFT自体が存在しないことすらあるわけです。そして、NFTとして取引可能とするために、ゲーム内通貨や暗号資産の支払を要するようなケースも見られます。サービスごとにまさに千差万別と言える状態です。サービスの仕組み自体を把握することに加え、ユーザーがアイテム等に対して有する権利や、どのような場面で料金等の支払が必要となるかを、場合によっては利用規約その他のルールに関する説明を読んで理解することが求められます。

ブロックチェーンゲームの利用に際しては、そのゲームや類似のサービス群の中で利用される暗号資産の購入・保有・利用が大前提となる場合もあります。その場合、そうした暗号資産をユーザー自身が管理するのか否

かや、そもそもどのように入手するのかも気にする必要があります。海外の暗号資産交換業者や、いわゆるDeX（分散型取引所）を利用する必要があるとすると、これらの取引の場は日本の法規制の適用を受けていないことから、サービス利用者への保護が不十分な場合も考えられます。

アイテム等を他のユーザー等に貸与して、一定の利益や利息を受け取ったりする仕組みも一部存在します。こうしたサービスは、内容さえ明確であれば基本的にはユーザー側で気を付けるべきことは無いと言えます。しかし、決まったやり方が存在しないことから、サービスごとにルールをしっかり把握する必要があるでしょう。

## 5-8 【法律編】 NFTの「リビール方式」と法律

Text：増田雅史（弁護士）

## Q8  NFTの世界で最近、「リビール（Reveal）」という言葉をよく聞きます。そもそもあれは合法的な行為なのでしょうか

　リビール方式とは、NFTの絵柄が購入の後に判明するような販売方式を言います。表面にシールが張られ内容がわからないカードを販売し、あとでそのシールをはがす（reveal）という仕組みに着想を得て実施されているものであり、多くの販売例があります。

　購入対象がわからない状態で代金を出させ、あとで結果がわかる仕組みは、「くじ」の販売に類似していますので、賭博にあたるのではないか、という点がよく問題となります。賭博規制は国や地域によって大きく異なり、スマホゲームでいう「ガチャ」自体を賭博として規制する国もあったりします（日本では当たり前に実施されているので、驚かれる方もいらっしゃると思います）。

　我が国の場合、刑法が「賭博罪」を定めており、「賭博をした者」は刑罰を受けます。何が「賭博」にあたるかは難しい問題なのですが、偶然性を利用して、財産が増えたり減ったりするものは、一般的に賭博に該当する可能性があります。ポイントは、そうした賭博に参加する者自身が賭博罪に問われるということです。つまり、もしリビール方式が賭博に該当するならば、そのNFTを購入する消費者自身の行為が犯罪となるおそれがあります。

　では、リビール方式は賭博なのでしょうか。結論をいうと、これはやり方次第です。例えば、複数の絵柄をランダムに500円で販売しつつ、一部の「あたり」を運営者が1,000円で引き取り、他の「はずれ」は200円で引き取るようなサービスの場合には、偶然性を利用して財産が増えたり減ったりするので、典型的な賭博と言えます。

　ならば、運営者自身が買い取らなければよいのでしょ

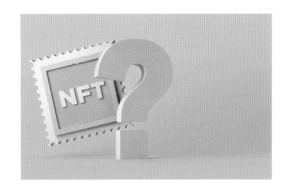

うか。リビール方式で購入されるのはNFTですから、絵柄が判明した後、NFTマーケットプレイスで転売することも可能でしょう。そこで「あたり」の絵柄が高く売れ、「はずれ」は全然売れないのだとすると、やはり同じような構図があるようにも思えます。しかし、そのマーケットプレイスでの販売価格に運営者がまったく関与していないのだとすると、実際に高く売れたり売れなかったりするのは、運営者が販売した後にはじめて決まることです。NFTの販売時点では、各絵柄の客観的価値は分からないとも言えます。こうした微妙な考慮の結果、リビール方式は、サービスの提供形態によっては賭博に該当しないとの評価が可能となっています。

　この点について詳しく知りたい方は、下記ガイドラインをお読みになるとよいでしょう。筆者の増田も作成に関与しているものです。

ブロックチェーン推進協会ほか
「NFTのランダム型販売に関するガイドライン」
https://bccc.global/wp/wp-content/uploads/2022/10/NFT-guidelines.pdf

## 5-9 【税務編】 NFTと暗号資産の税務

Text：桑原清幸（税理士・公認会計士）

## Q1 クリエイターが NFT アート作品や暗号資産の取引をする場合、税務処理についても知っておくべきでしょうか

昨今、暗号資産を巡って、大規模な税務調査が行われています。「仮想通貨で一斉税務調査　14億円申告漏れ、グレー節税も」（日本経済新聞2021年10月3日付）にあるように、国税庁が暗号資産に注目して税務調査を行っていることが分かります。この記事によると、2020年から21年頃に関東近県で行われた税務調査によって、暗号資産のエイダ（ADA）の売買で利益を得た数十人の申告漏れが見つかり、過少申告加算税を含めた追徴税額が合計で約6億7千万円になったとされています。

このような税務調査の対象にならないように、NFTや暗号資産に関わる会計や税務の知識を身に付けておくことが大切です。まだ新しい分野のため、会計や税務のルールもあいまいで明確に決まっていないことが多く、今後も変わっていく可能性が高いのですが、現在公表さ

れているルールの中から、特に知っておいていただきたい内容をピックアップしてご紹介します。

以下のQ&Aでは、最初に確定申告への影響が大きく、ルールがより具体的になってきている暗号資産の会計・税務の取り扱いについて解説します。次に、最近国税庁から公表されたNFTの税務上の取り扱いを紹介します。ここでは個人事業主であるアーティスト・クリエイターを前提としており、個人の所得税における取り扱いを解説しています。法人として取引する場合の法人税上のルールや、暗号資産の取引自体を本業とする方は対象としておりません。

なお、実際に新たな取引を始める場合や、確定申告をする際には、最新のルールを確認して、不明な点は税務署や担当税理士など専門家に相談してください。本稿の意見に関わる部分は筆者の私見に基づいています。

# 暗号資産の税金のしくみ

Text：桑原清幸（税理士・公認会計士）

## Q2 ｜ 暗号資産の取引で発生した利益には、どんな形で課税されるのでしょうか

　NFTの税務を理解するために、その取引で使う暗号資産の会計・税務のルールを見ておきましょう。個人の所得税の分野で、現在のところ一定の解釈指針が示されているのは、国税庁から公表されている「暗号資産に関する税務上の取扱いについて（ＦＡＱ）」（令和3年12月）という資料です。この中で、暗号資産に関する税務上の考え方がまとめられています。この資料は継続的に改訂されていますので、実際に申告する際は、国税庁のウェブサイトで最新版をご確認ください。

　所得税では、「所得」つまり「もうけ」が出た場合に、その「所得」に対して課税するルールになっています。よく勘違いされている方がいるのですが、あくまで「所得」「もうけ」に対して税金がかかるのであって、「売上」「収入」ではありません。税務上の「所得」は、「収入」－「原価・経費」で計算された「利益」「もうけ」をいいます。

　暗号資産の所得の計算でも同じです。暗号資産を売却して100万円の収入（入金）があったとしても、入金額そのものに税金がかかるのではないのです。この売却した暗号資産が200万円で購入したものであれば、▲100万円の損となり「もうけ」は出なかったので所得税はかからない、というルールなのです。したがって、暗号資産の税金を考えるうえで重要なことは、暗号資産の「所得」を計算するために、売却した際の収入金額だけでなく、その暗号資産をいくらで購入したか、つまり収入に対する「原価」もきちんと把握することなのです。

　次に重要なのは、あなたの暗号資産の「所得」は、所得税でどの所得に区分されるか、ということです。所得税では、「給与所得」「事業所得」「雑所得」など10種類の

所得に区分されています。クリエイターは、フリーランスで独立開業されている個人事業主の方が多いと思いますが、その方の本業のビジネスから生じる所得は「事業所得」になります。会社に勤務していて、会社から毎月給料をもらっている方は「給与所得」になります。本業は別にあって、事業規模でない程度で副業としてアーティスト・クリエイター活動から発生した所得がある方は「雑所得」として確定申告をしていると思います。10種類それぞれ所得の計算方法が決まっていて、損が出たときの扱いなど、所得の区分によって、最終的な納税額が有利になったり不利になったりすることがあります。そのため、自分の暗号資産の所得がどの区分になるかを認識することはとても大切です（所得計算について基本的なしくみを知りたい方は、拙著「令和改訂版

　駆け出しクリエイターのためのお金と確定申告Ｑ＆Ａ」（玄光社）をご参照ください）。

　この他にも、どういう場合に暗号資産に所得税がかかるのか、暗号資産を売却した時の「原価」をどう計算するか、売却に係る経費がどこまで認められるかなど、重要なポイントがありますので、次から解説していきます。

# 暗号資産の所得区分は？

Text：桑原清幸（税理士・公認会計士）

**Q3** 暗号資産の取引で利益が出ました。
この利益について、確定申告でどう扱えばいいでしょうか

個人の方が暗号資産の取引で生じた利益は、原則として「雑所得」に区分して申告します（国税庁「暗号資産に関する税務上の取扱いについて（FAQ）」(令和3年12月) 問8)。

10種類の所得税の区分で、「給与所得」「事業所得」など他の9つの所得に分類できないその他の所得が「雑所得」とされています。「雑所得」には、暗号資産取引の他に、ネット通販やアフィリエイトなどの副業から生じた利益や、作家以外の方がもらった原稿料や印税、外貨預金の為替差益などが区分されます。「雑所得」は比較的不利な扱いとされていて、「雑所得」がマイナス、つまり赤字になっても、給与所得や事業所得など他の所得との損益通算（他の所得の黒字と相殺することによって、全体の所得・税金を減らすこと）ができないのです。ただし、「雑所得」の中での赤字と黒字の相殺、例えば暗号資産で生じた赤字と、他の副業から生じた黒字を相殺することは原則可能ですが（一部不可のものがあります）、「雑所得」を超えて他の所得との相殺ができないので、赤字の場合は節税ができません。

ただし、例外として、以下に該当する場合には、「事業所得」に区分されることがあります。

① 暗号資産の取引自体が事業と認められる場合：暗号資産取引の収入によって生計を立てていることが客観的に明らかである場合は「事業所得」に区分されます。

② 暗号資産の取引が事業所得等の起因となる行為に付随したものである場合：事業所得者が、事業用資産として暗号資産を保有し、棚卸資産等の購入の際の決済手段として暗号資産を使用した場合が該当します。

読者の皆さんは、アートやクリエイターとしてのビジネスが本業ですので①には該当しないと思いますが、本業のビジネスにおいて、継続的に暗号資産を使って自分の作品を売買しているような場合には②に該当する場合もあると思います。つまり、個人が投資目的で暗号資産を売買して利益が発生した場合は原則として「雑所得」ですが、本業のビジネスの決済手段として暗号資産を継続的に利用しているような場合は「事業所得」に区分される場合も考えられます。

【税務編】

# 暗号資産の所得の計算方法

Text：桑原清幸（税理士・公認会計士）

## Q4 暗号資産の取引で利益が出ました。申告上、所得金額の計算方法について教えてください

　確定申告では、暗号資産取引に係る所得は以下のように計算します。単純な例で説明します。

（例）暗号資産イーサ（FTH）を以下のように売買した。

・7月2日　45万円で3ETH購入した（1ETHあたり@15万円）。

・9月30日　保有する3ETHのうち、2ETHを40万円で売却した。

この例での所得金額の計算は以下のようになります。

40万円（売却金額）−30万円*（譲渡原価）＝10万円（所得金額）

*（45万円÷3ETH）×2ETH

　つまり、購入した時の金額を元に、売却した暗号資産の数に対応する譲渡原価を計算して、売却金額から譲渡原価を差引いた利益（もうけ）が所得となります。

　なお、購入時に手数料がかかった場合は、暗号資産の購入額に加算して譲渡原価を計算します。また、売却時に手数料がかかった場合には、所得金額から差し引くことができます。この他にも、暗号資産の売却のために直接要した費用があれば必要経費として所得から差し引くことができます。例えば、暗号資産に関する書籍代・セミナー参加費、インターネットなど回線利用料、パソコン等の購入費用などについても、暗号資産の取引のために必要と認められる部分の金額に限って、必要経費に入れることができます。

　実際の取引では、上記の例のように年に1回の売買ではなく、複数回継続して行われることが多く、計算が複雑になります。確定申告で1年間の暗号資産の所得を集計する際は、国税庁が用意している計算書を使うと便利です（国税庁ウェブサイト「暗号資産に関する税務上の取扱い及び計算書について」のページを参照）。

　譲渡原価の計算書は「総平均法」用と「移動平均法」用の2つが用意されていて、2つの方法からどちらかを選択できます。しかし、あえて手間のかかる「移動平均法」を選択して税務署に届出書を提出しないのであれば、法定評価方法の「総平均法」で計算することになります。「移動平均法」は1件1件取引ごとに譲渡原価を計算しなければならないので面倒ですが、「総平均法」は国内の暗号資産交換業者から送付される「年間取引報告書」を使ってまとめて入力できるので便利です。なお、この計算書は、暗号資産の種類ごとに（ビットコインやイーサなどそれぞれで）作成する必要があります。

## 【税務編】 暗号資産を交換した場合

Text：桑原清幸（税理士・公認会計士）

**Q5** 暗号資産を売って円やドルに変えたり、
他の暗号資産と交換した場合でも、税金はかかりますか

　暗号資産の税務で覚えておきたいことがあります。それは、暗号資産を売却して円やドルなどの通貨に変えた場合だけでなく、異なる暗号資産と交換する場合や、暗号資産を使って商品を購入する場合でも所得が発生する（税金がかかる）ことがあるという点です。

　税務上、暗号資産は「通貨」ではなく、価値のある「資産」「モノ」として扱われています。そのため、ビットコインをイーサに交換するという取引は、税務上は、ビットコインという「資産」を売って一旦通貨（円やドルなど）に換えて、同時にその通貨で別のイーサという「資産」を買った、とみなされます。これにより、交換した時点でビットコインを売却したとみなされ、その時点での交換レートで計算したイーサの時価（＝ビットコインの売却金額）を元に売却益を計算する必要があります。また、暗号資産で商品を購入した場合、例えばインターネット通販等でモノやサービスを暗号資産で購入した場合も同様に扱われます。つまり、一旦暗号資産を売却して通貨に換えて、その通貨で商品を購入したとみなされるため、その時点で使用した暗号通貨に含み益があったら（購入時点から値上がりしていたら）、税金

が発生する場合があります。こうした取引があったのに申告しないままにしてしまうと、あとで税務調査で指摘されるおそれがありますので、十分注意しましょう。

　暗号資産の取引がある方は、ここまでのQ＆Aを参考に、1年間の所得を計算して確定申告をしましょう。ただし、サラリーマンなど会社員の方で1カ所から給与支払いを受けていて年末調整されている方については、雑所得など、給与所得・退職所得以外の所得の合計が20万円以下の方は確定申告が不要となります（なお、その場合でも住民税の申告は原則として必要です）。

【税務編】

# NFTの税務の考え方

Text：桑原清幸（税理士・公認会計士）

## Q6 顧問の税理士さんから、「NFT取引の税務については、ルールが未整備だ」と言われました。本当なのでしょうか

暗号資産取引については、具体的な税務上のFAQや企業会計上の取扱いが公表されていますが、NFTについては実務が先行しており、ルールの整備が追いついておらず、これまで体系的な考え方が示されていませんでした。ようやく最近になって、2022年4月に国税庁が公表したタックスアンサー（税務当局への質問に対する一般的な回答として示されたもの）のNo.1525-2「NFTやFTを用いた取引を行った場合の課税関係」が公表され、NFTの税務について一定の考え方が示されました。この内容を以下で解説していきます。

まず、課税対象となるNFTとは、どんなものなのでしょうか。国税庁が公表したタックスアンサーでは、最初に以下の内容が書かれています。

「1　いわゆるＮＦＴ（非代替性トークン）やＦＴ（代替性トークン）が、暗号資産などの財産的価値を有する資産と交換できるものである場合、そのＮＦＴやＦＴを用いた取引については、所得税の課税対象となります。

※　財産的価値を有する資産と交換できないＮＦＴやＦＴを用いた取引については、所得税の課税対象となりません」

NFTアートのように、マーケットプレイスの中で、イーサなどの暗号資産で売買されているものは、上記の「財産的価値を有する資産と交換できるもの」に該当するため、課税対象となると考えられます。他にもさまざまな形態のNFTが存在しますが、税務上NFT自体の定義も示されておらず、具体的な通達や判例もない状況のため、課税対象となるかどうかは個別の取引ごとに判断する必要があります。

# NFTの所得区分は？

Text：桑原清幸（税理士・公認会計士）

**Q7** 個人事業主として NFT の取引で利益が出ました。
この利益について、確定申告でどう扱えばいいでしょうか

国税庁が公表したタックスアンサーでは、NFTを取引した場合の所得税の所得区分について、以下のとおり示されています。

「2　所得税の課税対象となる場合の所得区分は、概ね次のとおりです。

（1）　役務提供などにより、NFTやFTを取得した場合

- 役務提供の対価として、NFTやFTを取得した場合は、事業所得、給与所得または雑所得に区分されます。

- 臨時・偶発的にNFTやFTを取得した場合は、一時所得に区分されます。

- 上記以外の場合は、雑所得に区分されます。

（2）　NFTやFTを譲渡した場合

- 譲渡したNFTやFTが、譲渡所得の基因となる資産に該当する場合（その所得が譲渡したＮＦＴやFTの値上がり益（キャピタル・ゲイン）と認められる場合）は、譲渡所得に区分されます。

　（注）NFTやFTの譲渡が、営利を目的として継続的に行われている場合は、譲渡所得ではなく、雑所得または事業所得に区分されます。

- 譲渡したNFTやFTが、譲渡所得の基因となる資産に該当しない場合は、雑所得（規模等によっては事業所得）に区分されます。」

上記の（1）が取得した場合の区分、（2）が譲渡した場合の区分が示されています。最も注目すべきは、（2）の1つ目の取り扱いです。ここでは、一定の条件に該当するNFTやFTを譲渡した場合には「譲渡所得」に区分される、と書かれています。例えば、一般の個人の方がNFTアートを売却して利益が出た場合（その利益がNFTアート自体の値上がり益と認められる場合）は、暗号資産取引で発生した利益のように「雑所得」にするのではなく、「譲渡所得」に区分できる場合があるとされ

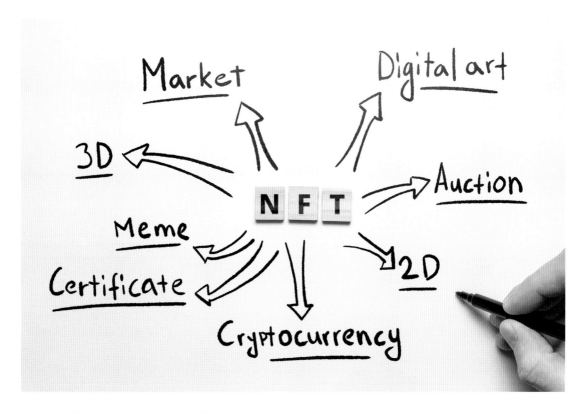

ています。「雑所得」ではなく、「譲渡所得」に区分されると、税金が安く済む可能性があるのです。

　「譲渡所得」（土地、建物および株式等以外の資産を譲渡したとき）は以下のように計算されます。

　「譲渡所得」＝収入-（取得費＋譲渡費用）- 特別控除額（最高50万円）

　「譲渡所得」の計算では、特別控除額として最高50万円を控除できます。さらに、所有期間が5年を超える資産を譲渡する場合や、自分の作品に関わる著作権など一定の資産は所有期間に関係なく「長期譲渡所得」と扱われ、上記で計算した所得をさらに2分の1に減らすことができます。こうした計算ができるため、「雑所得」と比較してより所得を減らすことができ、結果として節税になるのです。

　また、「譲渡所得」とは、「譲渡所得の起因となる資産」である土地や建物、株式、ゴルフ会員権、金地金などの資産を譲渡することによって生ずる所得をいいます。この「譲渡所得の起因となる資産」には有形物だけでなく、NFTに紐づいたコンテンツの利用権といった無形物も含まれると考えられます。ただし、事業用の商品などの棚卸資産は「譲渡所得の起因となる資産」から除かれているので、（2）の2つ目の記載のとおり「雑所得」（規模等によっては「事業所得」）に区分されます。

　また、（2）1つ目の（注）にあるように、「ＮＦＴやＦＴの譲渡が、営利を目的として継続的に行われている」場合、例えば、アーティストやクリエイターがビジネスとしてNFTアートを継続的に販売している方は、「譲渡所得」ではなく、「雑所得」または「事業所得」に区分されることになります。

　（1）のNFTを取得した場合の区分にも簡単に触れておきます。（1）1つ目の記載ですが、「役務提供の対価として、ＮＦＴやＦＴを取得した場合」、例えばデザイ

ンや作品制作の対価として給料や報酬をNFTでもらうような場合です。会社から給与としてもらう場合は「給与所得」、個人事業主のクリエイターが報酬としてもらう場合は「事業所得」、副業収入としてもらう場合は「雑所得」として申告することになります。

（1）2つ目の「臨時・偶発的にNFTやFTを取得した場合」は、例えばNFTをGiveawayで無料でもらったような場合は、懸賞や馬券の払い戻し金と同様に「一時所得」とされます。上記以外の取得の場合は、（1）3つ目のように「雑所得」に区分することになります。

## Column NFTの会計・税務の実務はまだまだ発展段階

NFTや暗号資産の取引は、まだまだ新しい分野であり、さまざまな実務が先行していて類型化されていないため、会計・税務の制度的な対応が追い付いていないのが現状です。皆さんが実際に確定申告をされる際には、右に示したウェブサイトなどから最新情報をご確認いただき、判断が難しい場合には、税務署や税理士等の専門家にご相談ください。

（参考情報）

国税庁ウェブサイト　タックスアンサー
No.1524 暗号資産を使用することにより利益が生じた場合の課税関係
https://www.nta.go.jp/taxes/shiraberu/taxanswer/shotoku/1524.htm

No.1525-2　NFT や FT を用いた取引を行った場合の課税関係
https://www.nta.go.jp/taxes/shiraberu/taxanswer/shotoku/1525-2.htm

企業会計基準委員会からの公表物
実務対応報告第 38 号「資金決済法における仮想通貨の会計処理等に関する当面の取扱い」
https://www.asb.or.jp/jp/accounting_standards/practical_solution/y2018/2018-0314.html

「資金決済法上の暗号資産又は金融商品取引法上の電子記録移転権利に該当する
ICO トークンの発行及び保有に係る会計処理に関する論点の整理」
https://www.asb.or.jp/jp/accounting_standards/summary_issue/y2022/2022-0315.html

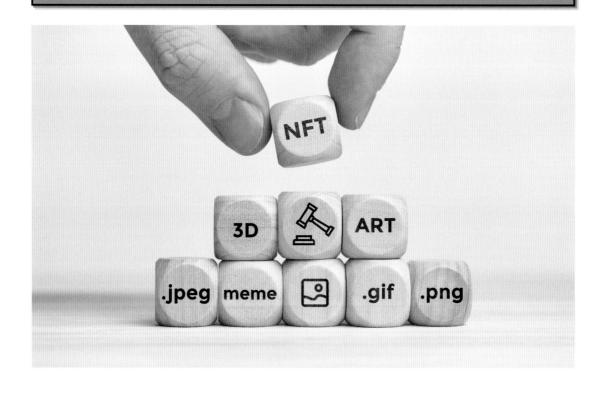

第 6 章

# NFTの現在地と未来

# NFTの現在地　〜NFTを通じて、つながる・つくる〜

## 音楽NFT美術館

### 音楽NFTの現状と課題

　2022年夏ごろ、「音楽NFT美術館」がスタートしました。デジタルコンテンツをNFT化して販売する市場盛り上がりつつあるなか、楽曲を扱うクリエイターたちはまだ音楽NFTに対する世間の反応をあまり感じていなかったようです。その一因は、NFT関連が告知される際のメインの場であるTwitterの特性にあるのかもしれません。そのタイムラインの特性上、イラストのような視覚コンテンツは目に留まりやすい。一方、音楽は聴くのに一アクション必要で、聴かれることなくタイムライン上を流れていってしまうからです。

　また、音楽業界の現状はストリーミング再生が全盛です。レコメンド機能によりおすすめされた楽曲を聴くという受け身な体験が主流で、能動的にクリエイターを探しに来てはくれません。また、好きな音楽ジャンルを持つファンがいても、OpenSeaでは音楽ジャンルの検索機能に対応しておらず、ニーズを汲み取れていないのが現状です。これらの要因から、音楽NFTを扱うクリエイターは市場環境に苦戦していたようです。

### 音楽NFT美術館がやりたいこと

　そこで音楽NFTを扱うクリエイターたちは、各自のテーマに沿った楽曲を扱うメタバース「音楽NFT美術館」を作りました。メタバース空間を作れるプラットフォーム「Spatial（スペーシャル）」を活用しています。音楽NFT美術館は、まるで音楽CDショップで楽曲を聴く感覚で過ごせる仮想空間です。エリアごとにテーマが分かれていて、定期的に更新されます。知人・友人と一緒に訪れて1つの楽曲を聞き比べする、なんて体験も可能です。メタバース内ではCDジャケットのような絵柄が展示されていて、クリックすると音楽を聴けます。

OpenSeaとリンクされているため、気に入った曲はスムーズに購入可能です。

　2022年10月は、クリエイター支援などを行う合同会社NFTcolor（@Nftcolor22）が、フィジカルNFT展示「Nコレ京都」を主催。琴演奏者の久（HISASHI）さんが会場で琴の演奏をした際に、現地に行けないメンバーやファン向けに、メタバースでライブ配信しました。メタバースは音声・テキストのチャットで交流できるため、イベント体験をシェアできる一体感が好評だったそう。のちにその時の映像をNFT化して、参加者へ配布されました。記念に保有するのも、2次流通市場で販売するのも、自由です。

　音楽NFT美術館は随時、展示メンバーを募集をしています。また、毎週水曜日の12時からTwitterスペー

**音楽NFT美術館定例スペース（Twitterスペース）**
https://twitter.com/MusicNFTMuseum

スを定例開催。メンバーの近況報告や運営計画などを話し合っているほか、展示作品への想いをクリエイターにインタビューすることも。ほかにも、音楽NFTのニュースを取り上げ、情報交換しています。Twitterスペースは誰でも参加でき、録音のアーカイブはあとから聴けます。

**音楽NFT美術館（Spatial）**
https://www.spatial.io/s/Yin-Le-NFTMei-Shu-Guan-62e39bf31c41e70001312ae6

琴演奏者の久（HISASHI）さんのライブ配信をメタバースで行う
**久(HISASHI) さん**
https://twitter.com/hisashi_musik

## CodeArtBear

「CodeArtBear」はクリエイターが集まり、目標とイベント活動の実現に向け、クラウドファンディング型のジェネラティブNFTを発行したプロジェクトです。

### ステートメント（抜粋）

私たちはデザインフェスタでNFTを広める活動をしているクリエイター集団です。より具体的なクリエイター支援・NFT新規参入支援活動を行うため、ジェネラティブNFTを発行することにしました。

NFTでクリエイター支援に必要なことってなんだと思いますか？ 私たちは売る人買う人をまずは増やすことだと思います。

市場が大きくなれば制作を専業に生きていける可能性が広がるし世界で輝ける作品がよりたくさん生まれてきます。デザインフェスタへ出展してNFTを知ってもらうことで市場拡大へ繋げることができるんです。

実際に2022年5月デザフェス初出展したときのこと「NFTが気になるけどよくわからない」「やってみたけど難しくて挫折した」ブースを訪れた方から受けたご相談です。ご相談をきっかけにNFTを発行して販売まで開始されたクリエイターさんもいらっしゃいます。

デザインフェスタならNFTに関心をもつ可能性がある人がたくさんいるから新規参入に繋げやすいのです。

具体的に何の資金になるの？ 一言でいうと、「NFTを広める活動を続ける資金」です。ここに含まれるのは、
・コンテンツの制作費
・出展準備にかかる費用の補填
・活動を続けるための維持費
・コンテンツ制作に関わったメンバーへの還元
などです。

クリエイターが作品を作り続ける上で赤字を掘り続ける場面は多々ありますが・・・。

私達は 「当たり前の風潮」にしたくないと強く思います。健全な市場でクリエイターが活躍できる世界がNFTを使った先にあると信じてNFTを知ってもらう活動を続けていきます。

### NFTの販売について

プレセール（0.01ETH）・パブリックセール（0.02ETH）を経て、発行枚数1,500体を専用Mintサイトで販売。

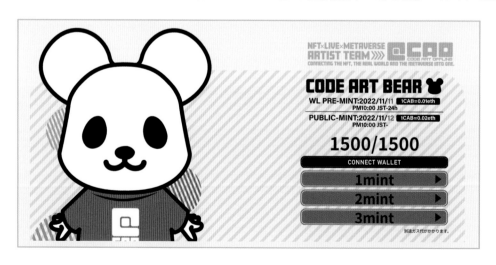

## NFT保有者のユーティリティ（実用性）について

CodeArtBearのNFT保有者は、以下のグッズや資料を受け取れます。この内容はあくまで2022年11月の内容であり、今後変更・ブラッシュアップがなされて行く予定です。

### 初心者向けNFT資料の利用ライセンス付与

・NFTに参入していない人や、企業向けのイベントで使えるデータ（PDF/EPSなど）
・「NFTアートとは？」のフリーペーパー
・ウォレット作成方法の解説コミック

### アクリルキーホルダー

デザフェス会場現地でプレゼント
（元ホルダーも対象）

### 缶バッジ・Tシャツ

Mint枚数に応じて

・缶バッジ（2枚Mint）
・Tシャツ（3枚Mint・フリーサイズで抽選）

**CodeArtBear（公式WEBサイト）**
https://code-art-offline.studio.site/

Member：Kominato・秋野イントロ・闇鍋・コメスケ・澪・いなみかずや・icon mania・soco

# クリエイターとNFTの未来予想

## NFT発のクリエイターやキャラクターが生まれる

これまでのクリエイター活動の10年間を振り返ると、クリエイターたちは既存のフィジカルの創作活動に加えて、SNSで活動の場を広げてきました。SNSのフィールドだからこそ生まれたクリエイターもいました。クリエイターたちにとって新しい市場の誕生は、新しいチャンスをつかめる機会の誕生でもあります。実際に「今まではSNSを上手に運用できなかった」「マネタイズまで至らなかった」というクリエイターが、NFT市場で

は新たなヒーローになりつつあります。

SNSとNFTの共通点は、ポートフォリオサイトのように使える点です。一方で相違点は、SNSは「いいね！」やコメントなどのアクションに留まっていたのに対して、NFTは「いいね！」に加えて「作品の売買」という価値やスキルを交換する機会になっている点です。これらからどんどん、NFT発のクリエイターやキャラクターが生まれていくと予想しています。

## クリエイターと企業が対等になりコラボする機会が拡大する

かつての美術作家は、ギャラリーに所属して作品の発表や販売を行ってきました。現在はSNSを拡散メディアとして活用し、個人単位で活動。世界中にファンを獲得している作家もいます。

今までになかった現象として、ベンチャーキャピタル（高い成長が予想される未上場企業に対して出資を行う

投資会社）が、個人クリエイターと契約する事例が実際にあります。

これによりクリエイターは企業と対等の立場でコラボレーションし、規模の大きなトークイベントに登壇するなど露出の機会も拡大。個人単位でスタートした活動が急速に次のステージへ進んでいくことが予想されます。

## ミーム（meme）コンテンツは永久不滅

ミーム（meme）はインターネットカルチャーのスラングで、「ネタコンテンツ」のようなものです。ユーモラスなものが多く、インターネットのユーザーによって画像や映像、文章が大喜利のようにネタ化され、解釈が加えられて急速に模倣・コピーされ広がっていく一連の現象を指します。しかし、それを第3者が冷静に見た時に「なぜそれが流行るのか」、NFTの場合は「なぜそれが売買されているのか」、論理的な説明のつかないものがほとんどです。

国内の事例を紹介します。SNSではマイノリティになりがちなおじさん。あるおじさんが自撮り写真をNFTコレクションにして販売したところ、すぐに完売するほ

ど注目されました。アイドル写真をNFTコレクションにして販売している例は多く見られます。「おじさんの自撮り写真」は、今まで注目されることのなかった対象に価値を付けて楽しむという、まったく想像もしなかった出来事でした。

「NFTやクリエイターはこうあるべき」といったプレッシャーや緊張感で疲れていた空気感の中で、この出来事は「技術や画力で必ずしも勝負しなくてもいいのではないか」という、息抜きに近いアンチテーゼとして起こった現象なのかもしれません。ミームは計画的でも意図的でもなくさまざまな要因の中で偶然起こる不滅コンテンツとして、今後も歴史に刻まれると予想しています。

電子書籍プラットフォームの代表格と言える「Amazon Kindle」。ペーパーレス化の時流に乗っただけではなく、持ち運びが簡単で、購入したコンテンツを手軽に選んで気軽に読めるメリットがあります。紙の本より安いコンテンツも多い。これらの利便性が受けて、利用が拡大してきました。

紙の書籍と比べたときの電子書籍のデメリットを挙げるなら、読み終わった本を古本屋さんに売れない。プラットフォームをまたいで書籍の移動ができない。そもそもプラットフォーム自体が終了してしまうリスクがある、などです。実際、国によってはkindleサービスの終了アナウンスがあるなど、デジタルコンテンツを利用することはすなわち、プラットフォームに大きく依存していることでもあり、それは大きな問題です。

一方でNFTは、デジタルコンテンツの恩恵を生かしながら、電子書籍にあったデメリットを解決できる可能性があります。NFTを活用した電子書籍では出版社などのプラットフォームに依存しなくてよくなるため、運営都合のサービス終了リスクが解消し、特定のアプリで

の管理に縛られることから解放されます。個人や小さな団体でも自由に出版できます。実際に、Opensea機能で購入者のみ確認できるアンブロッカブルコンテンツ機能を設定して、マンガをNFTにして販売している実例があります。さらに、NFT保有者に向けてエアドロップ特典の配布を行うなど、作者とファンの距離感が近い、新しいコンテンツ体験の書籍が生まれています。

書籍NFTの保有者は不要になった場合、すぐに2次流通市場に出品できます。今までは古本の利益は古本屋さんだけのものでした。書籍NFTは、売買が成立した時に著者へロイヤリティが入る（仕様にできる）点も、クリエイターファーストの大きなメリットと言えます。

電子書籍の課題をNFT活用で解決できる構図は、音楽にも当てはめることができます。音楽業界の場合は、サブスクリプション（定額性）サービスの台頭で所有の概念が失われていました。しかしNFTを活用することで、かつて人々が音楽CDを買い、所有する喜びを得ていた時の感覚を改めて引き戻せるかもしれません。

# 表紙カバー参加アーティスト一覧

## ① 100OKUENPLAYER
Twitterフォロワー4.7万人の匿名アーティスト。2021年9月NFTアートデビュー。林檎をモチーフにしたAPPLE BABYアート中心に様々な世の中へ対する想いやメッセージをアートで表現してます。
https://twitter.com/100OKUENPLAYER

## ② しもんずげーと
2021年10月よりNFTの活動を開始。肩幅のせまいくま「かたはばせまし」の作品を発表。「かわいい癒し」をテーマにしており、作品の一つ一つに彼の一言をそえています。見て読んで癒されてください。
https://twitter.com/shimonzgate

## ③ Yoshioka
2021年10月7日にNFT活動を開始。オリジナルキャラクターは日本・タイ・キューバなどを中心に二次創作が作成され、「LOVEキャスケット」「ヨシオカちゃん」などの愛称で親しまれている。
https://twitter.com/_yoshioka___

## ④ manami
2021年10月よりNFTクリエイターとして活動開始。Pop Kimono Artコレクションでは、ポップでハデハデな着物のイラストを描いています。
https://opensea.io/collection/popkimonoart

## ⑤ Lucky
デザイン20年以上の経験を生かし様々な業界ジャンルで企画制作を担当。同時にNFTクリエイターとして世界中の人々、子供たちが笑顔になるような作品を制作。自然生き物をモチーフにPOPな世界観で自然の大切さを伝える。
https://lit.link/Luckyart

## ⑥ OTO
NFTクリエイター&グラフィックデザイナー　MIMIというグラフィックアートのプロジェクトを展開中。
https://lit.link/otograf

## ⑦ GORO ISHIHATA
Drunk artist (almost dead)
https://opensea.io/collection/cryptogoros

## ⑧ 愛乃嘘子
親しみやすい表情豊かな様々な女の子のNFTアートやイラストや漫画を制作しています！絵を描くことが大好きです。誰かにとって心のお守りになるような作品を作ることが作家としての目標です。
https://twitter.com/usokotyan/

## ⑨ みらくる桃香
癒し・元気・ハッピーをコンセプトにopenseaで4つのコレクションとfoundationを展開中。作品を通し少しでも癒し・元気・ハッピーをお届けできたら嬉しいです♪色んな作品があります☆ぜひご覧下さい！
https://lit.link/miramomo

## ⑩ Aoyoko
フツーとは違う板状の動物達は、個性を活かして自分らしく生きていく事をテーマにしたキャラクターです。可愛さとユーモアは万国共通であると信じて制作し、ありがたいことに海外の方からも好評いただいています。世界中に愛されるキャラを目指して活動しています。
https://lit.link/Aoyoko

## ⑪ ブドウちゃん
ゴジャ会（DAO）ファウンダー｜WEB3時代のグルメIP"グルコースマン"｜ゴジャフェス｜ゴジャレーベル｜スペース毎日ブドキン12時〜｜オニコン火曜日｜SNS総10万人｜元お笑い芸人
https://twitter.com/budou_chan

## ⑫ Crypto Rabbits
Bitcoin YouTuberが描く完全手書きNFT1001｜5体揃えるとpremiumオーダープレゼント！クリラバー特典として可能な範囲で相談協力提携など致しますのでご相談下さい。
https://twitter.com/ICHIGO_NFT

## ⑬ アイコンマニア
2021年10月3日からスタートしたTwitterスペースオニコンNFTラジオと共に歩んでいるNFTクリエイターのアイコンマニアです。唯一無二なインパクトを追求して創作活動をしています。宜しくお願いします。
https://lit.link/iconmania

## ⑭ しまエナガ
前職はKONAMIでアートディレクションを担当。2021年よりNFTコレクション「日本神話シリーズ」を展開。現在はソニー・ミュージック、SBINFT等多数の取引企業にキャラクターデザインを提供。
https://www.simaenaga.net/

## ⑮ ㉖ 一夜
書道NFTアーティストの一夜です。ICHIYA Calligraphy Collection通称ICCを運営。書道という日本文化を世界に発信します。Twitter (@ ichiyaduke23)
https://opensea.io/collection/ichiyacalligraphycollectionicc

## ⑯ メラ タケル
2019年4月よりNFTアートを発行。2020年末までに250点以上の作品を販売。「美術手帖2021年12月号」などにインタビュー掲載。2022年には静岡・東京・香港などで作品を展示し、精力的に活動中。
https://www.mera-takeru.com/

## ⑰ へるなへぶん
地獄が舞台のワイドショー！子供も大人も楽しめる、ちょっぴりシュールな人形劇です。番組内にお名前載る券やCMコラボ券付きの「スポンサーになれるNFT」を販売するなど、みんなでつくる新感覚のコンテンツ。
https://lit.link/hellnaheaven

## ⑱ City

Digital Arts. Mainly 3D flowers. 花。

https://twitter.com/City_absf

## ⑲ カズシフジイ

コラージュデザイナー兼NFTクリエイター　NFT歴1年・運営コレクション10件以上・作品500点以上 KawaiiMetaCollage（5,555点）クリエイター 石田ニコルNFTクリエイター。

https://kazushi-design.amebaownd.com

## ⑳ yukino

Generative Art ｜ No Roadmap, but I continue to create images with unlimited passion

https://twitter.com/yknst_nfthinker

## ㉑ らびっと

voxel教室講師60名教示 ｜ #sandbox クリエーターファンド ｜ #edo2022 公式クリエーター ｜ 子供難病支援NFTコレクション運営

https://twitter.com/rabbit_NFT9

## ㉒ Satoshi Miyachi

代表作 ①CELLSPACE：生命体のような建築として空間が自然増殖する建築　②AnonymousMan：ルネ・マグリット「ボウラーハットの男」へのオマージュとして仮想の身体。仮想の性別。SNSの文字や記号で作られた仮想の人物を展開。

https://twitter.com/miyachi_satoshi

## ㉓ 武藤裕也

自動車開発業務から一転、フォトグラファーへ。国内〜海外にて写真展示など活動を行う。複製芸術の価値を模索していたところ、唯一性を担保するNFTに出会う。

https://twitter.com/sunnyday_photo

## ㉔ ささみちゃん

イラストレーター／デザイナー。手書きタッチやカラフルな色使いが得意です。2021年12月から始めたNFTコレクション「ささみマーケット」では、シュールで可愛い食べ物のキャラクターたちを描いています。

https://www.instagram.com/sasami_chan05

## ㉕ 叶野舞

Web&グラフィックデザイナー、イラストレーター。女の子や生き物、植物などのイラストを描いています。

https://lit.link/bymai

表紙

裏表紙

**武藤裕也（むとう・ゆうや）**

自動車開発業務から一転、フォトグラファーへ。2010年よりクラブツーリズム（株）と業務提携をして旅行の写真業務に携わる。複製芸術の価値を国内〜海外の活動で模索をしていた中で唯一性を担保するNFTに出会う。NFTやメタバースに関わるイベントや講座を2021年より開催。SBINFT（nanakusa）公認アーティスト。主な写真展：「ピアニシモ」リコーイメージングスクエア東京 2021年、「一滴の継承」キヤノンギャラリー 銀座・梅田・福岡 2016年、「はじまりの唄」キヤノンギャラリー銀座・梅田・福岡 2013年、「雪とけて それから」富士フイルムフォトサロン 2010年　など。

**増田雅史（ますだ・まさふみ）：法律編執筆（134p〜141p）**

弁護士（日本国・米国ニューヨーク州）。スタンフォード大学ロースクール卒。理系学生から転じて弁護士となり、IT・デジタル関連のあらゆる法的問題を一貫して手掛ける。デジタルコンテンツ分野の法律実務、ブロックチェーンに関する金融規制の双方に通じ、その融合分野といえるNFT法務の第一人者。ブロックチェーン推進協会（BCCC）アドバイザー、日本暗号資産ビジネス協会（JCBA）NFT部会法律顧問。中央省庁における多くの会議体で構成員を務めるなど、わが国におけるweb3政策に深く関与。ベストセラー『NFTの教科書』（朝日新聞出版・2021年）編著者。

**桑原清幸（くわばら・きよゆき）：税務編執筆（142p〜150p）**

税理士・公認会計士。桑原清幸会計事務所代表。大手会計事務所で20年間勤務したのち、独立開業。会計事務所とアートを融合したギャラリーKKAG（Kiyoyuki Kuwabara Accounting Gallery）を設立。クリエイター向けの独立開業、会社設立、確定申告等を中心とした税務・経営アドバイザリー業務を行い、会計専門家の立場からアートビジネスの発展を支えている。著書にロングセラーシリーズの 「令和改訂版 駆け出しクリエイターのためのお金と確定申告Q＆A」（玄光社・2022年）などがある。

# クリエイターのためのNFT参入マニュアル

2023年1月17日 第1刷発行

| | | | |
|---|---|---|---|
| 著者 | 武藤 裕也／増田 雅史／桑原 清幸 | 編集協力 | 渡邊 浩行／株式会社モジラフ |
| 発行人 | 塩見正孝 | 執筆協力 | 山岸裕一 |
| 編集人 | 及川忠宏 | 表紙デザイン | 泉 美菜子 |
| 発行所 | 株式会社三才ブックス | 本文デザイン | 松下 知弘 |

〒101-0041 東京都千代田区神田須田町2-6-5 OS85ビル3F

| | | | |
|---|---|---|---|
| 電話 | 03-3255-7995（代表） | 印刷・製本 | 図書印刷株式会社 |
| FAX | 03-5298-3520 | | |

問い合わせ info@sansaibooks.co.jp